首届辽宁省教材建设奖

第 3 版

新时代日语会话系列教程 ◀

高级日语会话教程

周异夫 王 霞 总主编

王 霞 王 盟 主编

邢俊杰 牟海晶 副主编

大连理工大学出版社
Dalian University of Technology Press

图书在版编目（CIP）数据

高级日语会话教程 / 王霞，王盟主编. -- 3版. --
大连：大连理工大学出版社，2023.8
ISBN 978-7-5685-4438-2

Ⅰ. ①高… Ⅱ. ①王… ②王… Ⅲ. ①日语－口语－
高等学校－教材 Ⅳ. ①H369.32

中国国家版本馆CIP数据核字（2023）第105010号

大连理工大学出版社出版
地址：大连市软件园路80号 邮政编码：116023
发行：0411-84708842 邮购：0411-84708943 传真：0411-84701466
E-mail:dutp@dutp.cn URL:https://www.dutp.cn
辽宁虎驰科技传媒有限公司印刷 大连理工大学出版社发行

幅面尺寸：185mm×260mm 印张：13 字数：297千字
2012年2月第1版 2023年8月第3版
2023年8月第1次印刷

责任编辑：张 璠 责任校对：楼 霈
封面设计：张 莹

ISBN 978-7-5685-4438-2 定价：51.80元

再版前言

　　本套《新时代日语会话系列教程》共四册，分别是《初级日语会话教程》《中级日语会话教程（上）》《中级日语会话教程（下）》和《高级日语会话教程》。本套会话教材为我国高等院校日语专业量身打造，是一套集"时效性、知识性、科学性、实用性、趣味性、思政性"于一体的新时代大学日语专业会话教材。

　　本套会话教材既能够贴近高等院校日语专业会话教学特点，又能够满足广大师生教与学的实际需求，不仅培养和提升了学习者的口语表达能力，又为学习者讲好中国故事，传播好中国声音打下了坚实基础。本套教材自2012年出版以来，在全国各地得到了广泛使用，受到全国众多高校的高度认可，并于2014年荣获"辽宁省'十二五'规划教材"的荣誉，于2020年荣获首届辽宁省教材建设奖。

　　在十余年的使用过程中，编写团队对本套教材的修订与完善一直保持深入思考的状态，虚心听取来自各高校一线日语专业教师和学生的使用反馈与学习体验。本次修订结合了教育部颁发的《普通高等学校本科专业类教学质量国家标准》《普通高等学校本科日语专业教学指南》和《国际交流基金日语教育标准（2010）》的具体要求，在创新教材体系、创新知识体系的理念指导下，对上一版教材进行了全方位、立体化的修订与完善。具体说来，在"一带一路"建设和构建人类命运共同体的中国理念之驱动下，调整了会话部分的文本资源，例句的选择与练习题的设定更具时代特色，"豆知识"内容能够展现真实、立体、蓬勃发展的中国万象。本套教材在继续履行把世界介绍给中国的使命之同时，也肩负着把中国介绍给世界的新使命。因此，修订后的教材从知识摄取、能力培养、素养提升三个方面进行深入挖掘，突出"多元文化交流、语言思维提升、自主学习完善"的日语学科核心素养，力求培养高素质复合型外语人才，进而能够服务于国家全球发展和海外合作，助力中国更好地走向世界，世界更好地了解中国。

一、编写原则

　　本套《新时代日语会话教程》的编写坚持以下原则：

　　1.坚持立德树人的教育理念，充分发挥日语会话课程的育人功能，落实好育人育才的根本任务

　　本套会话教材旨在将习近平新时代中国特色社会主义思想融入日语专业会话课教学中，帮助学习者夯实语言基本功，在提升学习者口语表达能力的同时，有针对性地引导学习者掌握中国特色话语体系，提升用中国理论解读中国实践，用日语讲好中国故事的能力。最终成为拥有

家国情怀、全球视野和掌握专业本领的高素质国际化外语人才。

2.坚持中国立场与全球视角相结合，将跨文化思辨外语教学理念贯穿始终

本套会话教材内容丰富，素材新颖，满载新时代气息。围绕日常生活、社交情景和商务工作等多类型场景进行了会话内容的编排，且每部分会话后紧随重要句型和重点日语表达的梳理，按照语法体系编写日语会话，使二者相辅相成、相得益彰。这不仅能够有效提升学习者的语言综合运用水平，还能让学习者身临其境地感受到最为真实的会话场景，体会到最为真切的临场氛围。与此同时，也能够使学习者进一步全面了解中国文化的博大精深，中国故事的源远流长。引导学习者能够用外语讲好当代中国故事，培养新时代外语人才的新风貌。

3.坚持语言学习与语言应用能力培养并重，将知识传授、能力培养和价值塑造有机融为一体

本套会话教材从会话情境的设置、会话内容的编排以及课后习题的选择，尽显编写团队的细致与用心良苦。编写团队深入体察学习者的内心需求，从提升学习者的学习兴趣、掌握会话技巧的实际出发，根据学习者的日语水平，循序渐进、有的放矢地进行编写。以期使学习者克服"说"的心理障碍，达到乐说、会说，从而达到能够用日语进行辩论的最佳效果。本套教材的修订方案着眼于提高学习者的日语表达能力，培养学习者在会话交流中的信息获取和分析能力、跨文化交际能力、思辨能力以及团队协作能力等。最大限度地提高用日语进行涉外交流和业务工作的能力。

4.坚持"以学生为中心"的编写原则，力求语言训练与实践项目更具可操作性

本套会话教材力求将会话技巧的讲解与语言实际操练密切结合，既重视学习者在课堂教学中的参与度，也重视培养他们的自主学习意识，强化分析问题和解决问题的能力。打破以教师作为课堂主导，进行单一会话技巧讲解的传统教学模式。因此，每课不仅设有"学习热身"模块，还配有大量丰富且具有趣味性和可操作性的实践习题，以此激发学习者的学习热情，启发学习者积极思考、主动参与，进而提升他们的语言输出能力。

二、教材特色

1.体现语言学习认知规律，更新现代教学理念

为使本套会话教材契合现代外语教育，进而在教学中能够发挥更加积极的作用，在本次修订过程中，编写团队重点参照了由日本国际交流基金开发的《国际交流基金日语教育标准（2010）》中的一项重要内容"JF Can-do"（日语教学实践评价体系）。JF标准下 Can-do 评价体系将语言的熟练度总体划分为三个阶段、六个级别。本套教材正是在此进阶式评价体系指导下，依据不同阶段、不同级别的评价标准，进行了有针对性、有层次感的设计。修订后的教材能够全方位地满足学习者在不同阶段的使用需求。从《初级日语会话教程》《中级日语会话教程》到《高级日语会话教程》，难易程度呈阶梯式、螺旋式上升，不仅能够培养学习者语言的灵活运用能力，也能培养学习者的跨文化交际能力和思辨能力。

2."产出导向法"驱动场景设计贯穿始终，力求构建任务型教学活动模式

本套教材以语言习得理论为指导，最大限度为学习者创设真实、生动的语言交际环境，并下达基于真实交际意愿和需求的语言技能训练任务。在具体的交际语境中将语言的形式和意义

结合起来，以输出促输入，把语言知识转化为可灵活运用的语言能力。通过教师的不断鼓励和学习者之间的相互激发与协作，进行有效的交际性输出，促进双向信息交流，更好地将输入的语言知识转化成语言技能。在此过程中，教师不仅仅是语言知识的传授者、解释者，而且是学习环境的创建者、学习任务的设计者。

3.紧随时代步伐，会话内容选材严谨，突出时效性、知识性、科学性、实用性和趣味性

本套教材一方面选取了与学习者日常生活、职场涉外沟通密切相关的内容，另一方面也选取了与中日两国社会文化相关的内容，为学习者提供了更多真实、生动的会话情境和专业、地道的日语表达。为增加学习者的学习兴趣，本套教材图文并茂，插图与会话内容相得益彰。与此同时，每课后均设有"豆知识"栏目，能够让学习者更好地理解当代中国，进而更为清晰地把握中日两国社会文化的差异。敦促学习者养成勤于思考的习惯，培养他们的思辨能力，进而提升他们用日语讲述中国的能力。

4.积极推进课程思政建设，弘扬中华优秀文化，促进多元文化交流，培养跨文化意识

在此次修订过程中，本套丛书融入了课程思政的教育理念。从会话内容的构思、具体例句的选择、课后习题的设计到"豆知识"内容的编写都融入了相应的思政元素，旨在把中华优秀文化、当代中国的发展成就和中国共产党治国理政思想介绍给世界的同时，也能够帮助学习者更好地把握中国实践的理论结晶，更好地理解中国话语体系的基本逻辑和中国故事的叙述框架，进而增强学习者的国家认同感，增强对中华文化的自信心和自豪感。在此基础之上，引导学习者尊重世界多元文化，提升学习者对不同文化的理解能力和在跨文化交际中灵活得体使用日语的能力。

5.注重培养提升学习者的自主学习能力和团队协作能力

本套教材中的每一课都围绕特定主题展开，课前的"学习热身"模块以及课后丰富多样的会话情境练习，能够引导学习者培养在学习会话内容前、后利用互联网、相关书籍进行课程预习与复习的习惯，旨在提升学习者的自主学习意识。与此同时，练习题的题型设定亦能够帮助学习者通过相互协作的方式进行学习交流。通过协作学习，能够活跃课堂气氛，进一步调动学习者的参与积极性，最终使学习质量和教学效果得以全面提升。

三、教材结构

本套《新时代日语会话系列教程》共四册。除纸质版学习用书外，还配有参考答案、教学课件以及由日方专家精心录制的配套音频等教学资源。在会话内容、日语表达与课后习题的选取编写方面，根据学习者所处阶段和能力水平的不同，每册教材的侧重点各不相同。

《初级日语会话教程》适用于大学日语专业一年级学生。侧重于发音与日语表达基础的夯实与巩固，主要分为发音篇与正文篇两大部分。发音篇主要围绕五十音图展开发音训练，正文篇主要基于重要词汇和语言表达展开会话交流。

《中级日语会话教程（上）（下）》适用于大学日语专业二年级学生。着重培养学习者运用日语处理与学习、工作、生活相关的具体事务的能力。中级上册包含商场购物、餐厅就餐、图书馆借阅、酒店预订等16个主要场景，48组会话；中级下册以寒暄、邀请、拒绝等功能会话

为主线，共16个功能主题，48组会话。

《高级日语会话教程》适用于大学日语专业三年级学生。主要着眼于学习者未来的职业发展。以提升学习者商务日语会话能力为目标，设计了诸如求职面试、入职工作、职场礼仪、企业文化等多种类型商务会话情境，由浅入深地编排了12课共35组会话，以此帮助学习者拓宽文化视野，提升职业素养。

四、编写队伍

本套《新时代日语会话系列教程》编写团队的所有人员均长期辛勤耕耘在大学日语专业教学第一线，他们是具有丰富教学、科研和管理经验的领军人物、骨干教师和双师型素质教师。本套教材是团队成员多年教学经验与教学智慧的结晶。团队成员深入了解学习者在不同阶段的学习特点，全面把握高等院校日语专业会话教学的内在规律与教学要求，因此能够结合学习者口语交流中的薄弱环节和日常教学中发现的具体问题，有重点、有针对性地进行修订编写工作。为打造一套集"时效性、知识性、科学性、实用性、趣味性"于一体的新时代高等院校日语专业会话教材，团队成员一直在潜心钻研、不断努力着。

本套教材由周异夫教授统稿审核，由大连交通大学外国语学院王霞教授负责系列教材编写思路的设定、补充资料的选取工作，由王昕教授、王盟副教授和牟海晶副教授担任各分册教材的具体修订工作。

五、鸣谢

本套教材得到了大连交通大学外国语学院的关心和支持，外国语学院的日本外教对本套教材的日语会话文本提出了很多宝贵的意见，大连理工大学出版社外语出版中心的日语编辑也为本套教材付出了诸多辛劳，在此一并表示诚挚的谢意。

在本次修订编写过程中，我们博采众家之长，进而尝试对日语会话教学理念和教学内容进行一次新的探索，但囿于我们的学识与经验，在教材编写中尚存在不足之处。在此真诚恳请各位专家、同行和各使用院校不吝赐教，提出您的批评与建议，敦促我们不断改进，以使本套教材日臻完善。

编　者

2023年6月

所有意见和建议请发往：dutpwy@163.com

欢迎访问外语教育服务平台：https://www.dutp.cn/fle/

联系电话：0411-84707604　84706231

目 录

第1課
採用面接

【知识目标】

1. 掌握敬语句型「お（ご）～できる」「お（ご）～いただく」「お（ご）～ください」「お（ご）～いたす」的意义及用法。

2. 掌握入职动机的表达思路和方法。

【能力目标】

1. 能够用日语打电话预约事情，并能够言简意赅地表达预约的事项。

2. 能够用日语表达入职意愿。

【素养目标】

1. 了解商务工作中预约的重要性。

2. 掌握面试礼仪，培养良好的商务工作礼仪和职业素养。

ウォーミングアップ

話している人がもっとも敬意を表しているものに「〇」をつけてください。

1. a わたしは張紅です。

   b わたくしは張紅と申します。

2. a もしもし、田中さんがいますか。

   b もしもし、田中さんをお願いできますか。

3. a 明日、9時にこちらまでいらしてくださいませんか。

   b 明日、9時にこちらへ来てください。

4. a 新聞で、貴社の募集の広告を拝見いたしましたので。

   b 新聞で、貴社の募集の広告を見ましたから。

5. a こちらの住所が分かりますか。

   b こちらの住所はお分かりでしょうか。

6. a 小林さんからご紹介いただきまして、お電話いたしました。

   b 小林さんから紹介いただいて、電話をしました。

7. a 人事部の田中さんに会いたいんですが。

   b 人事部の田中さんにお会いしたいのですが。

8. a かしこまりました。少々お待ちください。

   b わかりました。ちょっと待ってください。

9. a 田中部長は、3階の応接室でお待ちになっています。

   b 部長の田中は、3階の応接室でお待ちしております。

10. a わたしは上海から来ました。

    b わたくしは上海から参りました。

二　　　　　モデル会話　　

1 電話でアポイントをとる

張暁華：もしもし、人事部の木村さんをお願いできますか。

木村武：はい、私が木村ですが…

張暁華：あの、私、張暁華と申しますが、IMC商事の田中さんからご紹介いただきまして、お電話いたしました。

木村武：あ、張さんですね。

張暁華：はい、そうです。それで、一度、御社にお伺いしたいと思うのですが…

木村武：それでは、明日の朝、10時にこちらまで来てくださいませんか。

張暁華：明日の朝、10時ですね。

木村武：はい。

張暁華：わかりました。よろしくお願いします。では、失礼します。

木村武：失礼します。

 解　説

(1) 文型と表現を覚えましょう

①　お（ご）＋動詞連用形・サ変動詞語幹＋できる

这是自谦语句型「お（ご）～する」的可能形。可译为"我可以为您做……""我能为您做……"。

○一度、お試しできますか。/我能试一次吗?

○ご案内できますので、ご安心ください。/我能为您做向导，所以请放心。

○大雨でも、ご注文の品は予定どおりにお届けできます。/即使下大雨，我们也能如期将您定购的物品送到。

②お（ご）＋動詞連用形・サ変動詞語幹＋いただく

与「〜ていただく」的意思相同，都是表示自谦的句型，但比其更加礼貌郑重。可译为"请您做……"。

○今日は遠いところをわざわざお集まりいただきまして、ありがとうございます。／今天大家远道而来，我表示衷心的感谢。

○お忙しいのにご連絡いただき、まことに恐縮<ruby>恐縮<rt>きょうしゅく</rt></ruby>しております。／您这么忙还特意来通知我，真是不敢当。

○ここにお名前とご住所をお書きいただいて、あちらの窓口へお出しください。／请在这里写上您的名字和住址，然后提交到那边的窗口。

（2）役に立つ表現を覚えましょう

① 実は、私は貴社のホームページでプログラマー募集<rt>ぼしゅう</rt>の広告<rt>こうこく</rt>を拝見<rt>はいけん</rt>いたしました。／实际上，我是从贵公司的主页上看到招募程序员的广告的。

② ぜひ御社に伺わせていただきたいと思うのですが。／我热切地期盼能够登门拜访贵公司。

③ 一度、こちらへおいでいただけないかと思いまして。／是不是可以麻烦您来一次？

④ こちらの住所はおわかりでしょうか。／您知道我们的地址吗？

⑤ 突然お邪魔して、ご迷惑をお掛けいたしました。／突然打扰，给您添麻烦了。

⑥ 9時にお伺いするとお伝えしておりますが。／我说九点去拜访的。

（3）ポイント解釈

◆面接する前に、根回<rt>ねまわ</rt>ししておいて、誰かに紹介してもらったほうがいい。それから、電話でアポイントをとる必要もある。これは一般的なやり方である。電話で連絡する時、礼儀正<rt>れいぎただ</rt>しく、丁寧<rt>ていねい</rt>な言葉遣いで話すように。

◆日本語の会話の中では、「わたし」、「あなた」、「彼（彼女）」のような人称<rt>にんしょう</rt>をあまり使わない。でも、敬意を表す時、「わたし」とは言わないで、「わたくし」のほうがいい。

◆約束した時間や場所などの情報は、繰り返して、確認したほうがいい。相手に対して礼儀正しいし、自分にとっては、重要な情報を間違えないようにできる。

面接を受ける

木村武：初めまして、人事部の木村です。

張暁華：初めまして、張暁華と申します。今日は忙しいところ、ありがとうございます。

木村武：どういたしまして、お待ちしておりました。どうぞ、おかけください。

張暁華：はい、失礼いたします。これが履歴書です。では、よろしくお願いします。

木村武：（履歴書を見ながら）失礼ですが、ご専攻は何ですか。

張暁華：ソフトウェアです。近々○○大学の日本語＋ソフトウェア学部を卒業します。

木村武：あ、そうですか。どうしてうちの会社を選びましたか。

張暁華：御社はソフトウェア会社としてとても有名です。私、自分自身もコンピューターに関する仕事が大好きです。そして、先輩の田中さんにお勧めいただきましたので、ぜひ入社したいと思っております。

木村武：わかりました。じゃ、今週中に本日の結果を電話で連絡します。

張暁華：はい、わかりました。どうぞ、よろしくお願いいたします。では、失礼します。

解　説

(1) 文型と表現を覚えましょう

①お（ご）＋動詞連用形・サ変動詞語幹＋ください

这是一种尊他的句型，表示较有礼貌地对他人进行劝诱的意思。可译为"请您……"。

○部長、このファイルをお読みください。/部长，请您看一下这个文件。

○ご来賓の皆様は、前におかけください。/请各位来宾前面就座。

○先生、ご意見をお話ください。/老师，请谈谈您的意见。

②お（ご）＋動詞連用形・サ変動詞語幹＋いたす

是表示自谦的句型。可译为"我为您做……"。

○後ほど、お電話いたします。/过一会儿我再给您打电话。

○では、後ほど、改めてご連絡いたします。/那么，过后我再和您联系。

○部屋まで、お荷物をお持ちしましょうか。/我帮您把行李拿到房间吧。

(2) 役に立つ表現を覚えましょう

① 御社で働ける事、心より楽しみにいたしております。/从内心期待能在贵公司工作。

② 私^{わたくし}は日本語のほかに、英語も話せます。/除了日语，我还会说英语。

③ 絵が書けます。それに歌も歌えます。/我会画画。而且还会唱歌。

④ 大学を卒業して、どちらの方に勤めたいですか。/毕业后你想从事哪方面的工作?

⑤ 読書が大好きです。特に推理小説が好きです。/我喜欢看书，尤其喜欢推理小说。

⑥ 私のスキルの中で特に価値があるのは、時間管理能力だと思います。/我认为自己的技能中特别有价值的是时间管理能力。

⑦ 私は北京から参りました。/我来自北京。

(3) ポイント解釈

◆ 自己 PR を作る五つの極意を紹介する。その順番に従って、自分の長所を上手に伝えることができる。

①結論——私の強みは～です。

②概要——その強みを最も発揮したのは、～という経験です。

③課題——そこでは、主に～という課題がありました。

④行動——課題を解決するために、～という行動をとりました。

⑤結果——行動の結果、～という成果をあげることができました。

⑥貢献——この強みを生かして、貴社に～という形で貢献したいです。

◆ 説得力のある志望動機を作る五つの技術

①書き出しをマスターしよう。

②やりたいことを明確にしよう。

③数ある会社の中でも「なぜその会社なのか」わかるように伝える。

④入社後の展望を語り、意欲をアピールする。

⑤選考状況を聞かれた時の対策をしておこう。

三　楽しく話しましょう

次は面接のときによくある質問です。ちょっと考えて、話してみてください。

1. 自己PRをしてください。

2. なぜうちの会社に応募したのですか。

3. なぜプログラマーになりたいのですか。（学生の場合）

4. なぜプログラマーになったのですか。（転職者の場合）

5. どんなプログラマーになりたいですか。

6. 自分の長所と短所を言ってください。

7. なぜ今の会社をやめるのですか。（転職者の場合）

8. 前の会社では、どんな仕事をしていたのですか。（転職者の場合）

9. 残業がありますが、大丈夫ですか。

10. 職場の人間関係をよくするために心がけることはどんなことですか。

11. いつから働けますか。

四　練習問題

1. 言い換えて話しましょう。

（1）例：A：もしもし、人事部の木村さんをお願いできますか。

　　　　　B：はい、私が木村です。

①田中さん

②鈴木部長

③渡辺さん

(2) 例：A：あの、<ruby>私<rt>わたくし</rt></ruby>、<u><ruby>張紅<rt>ちょうこう</rt></ruby></u>と申しますが、IMC商事の田中さんからご紹介いただき

　　　　　　 まして、お電話いたしました。

　　　　B：あ、張さんですね。

　　　　A：はい、そうです。それで、一度、<ruby>御社<rt>おんしゃ</rt></ruby>に<ruby>伺<rt>うかが</rt></ruby>いたいと思うのですが…

①<ruby>山田一郎<rt>やまだ いちろう</rt></ruby>　　　　②<ruby>久保美恵子<rt>くぼ み え こ</rt></ruby>　　　　③<ruby>山本良一<rt>やまもとりょういち</rt></ruby>

2. 録音の会話を聞いて、話しましょう。

(1) A：はい、CR商事でございます。

　　B：①＿＿＿＿＿＿＿＿＿。

　　A：はい、私が井上です。

　　B：私は②＿＿＿＿＿＿＿が、AKK商事の渡辺さんから③＿＿＿＿＿＿＿＿。

　　A：ああ、わかりました。

　　B：それで、④＿＿＿＿＿＿＿。

　　A：それでは、来週の月曜日、朝9時半にこちらまで来ていただけますか。

　　B：⑤＿＿＿＿＿＿＿。

　　A：はい。

　　B：⑥＿＿＿＿＿＿＿。

(2) A：初めまして、人事部の木村です。

　　B：初めまして、①＿＿＿＿＿＿＿＿と申します。今日は②＿＿＿＿＿＿＿、

　　　　申し訳ございません。

　　A：いいえ。どうぞ、おかけください。

　　B：はい、③＿＿＿＿＿＿＿。よろしくお願いします。

　　A：失礼ですが、ご専攻は何ですか。

　　B：④＿＿＿＿＿＿＿。

　　A：なぜ、この仕事を希望するのですか。

　　B：⑤＿＿＿＿＿＿＿。

　　A：わかりました。じゃ、今週中に本日の結果を電話で連絡します。

　　B：はい、わかりました。⑥＿＿＿＿＿＿＿＿＿＿。では、失礼します。

3.　自己紹介の内容を完成してください。

　　わたくしは①＿＿＿＿＿＿＿＿＿と申します。②＿＿＿＿＿＿＿＿＿から来ました。

③＿＿＿＿＿＿＿人家族です。専攻は④＿＿＿＿＿＿＿です。今年の7月に⑤＿＿＿＿

＿＿＿＿を卒業する予定です。趣味は⑥＿＿＿＿＿＿＿です。夢は⑦＿＿＿＿＿＿

です。以上です。⑧＿＿＿＿＿＿＿＿＿＿＿＿＿＿。

4.　次の質問に答えてください。

　（1）ご趣味は何ですか。

　（2）出身地はどこですか。

　（3）どうして、うちの会社を選びましたか。

　（4）〇〇について、あなたなりの考えは何でしょうか。

　（5）給料はいくらぐらいご希望ですか。

　（6）よく残業や、出張がありますが、大丈夫ですか。

　（7）自分の得意分野について話してください。

　（8）どんな仕事が希望ですか。

五　　豆知識

◆面接室に入退室する際のマナー

1.　面接室のドアを3回ノックする。「失礼します」と言いながらドアを静かに開けます。

2.　入室して、ドアを静かに閉めたら、一度ドアの前で立ち、「〇〇と申します。
　　よろしくお願いいたします」と言いながら最敬礼をします。

3.　面接官に「どうぞ」と椅子を勧められたら、椅子の脇に立ち、「失礼いたします」
　　と会釈をしてから着席します。（「どうぞ」と勧められるまで椅子に座らない。）

4.　椅子に座ったら、足先を揃えて、手は軽く重ねます。

5. 退室する時は、椅子から立ち上がり「本日はお忙しい中、貴重なお時間を割いていただき誠にありがとうございました。」とお礼を述べます。ドアまで歩いたら部屋を出る前にドアの手前で面接官の方を向き、「失礼いたします」と言って、再度一礼(さいど)してから静かに部屋を出ます。

◆面接中の注意点

1. 視線(しせん)が定(さだ)まらないと、おどおどした落ち着きのない印象を与えてしまいます。自分が話している時も、面接官が話している時も、目を中心に相手の顔全体を見るように。面接官が複数(ふくすう)いる場合には視線を一人に集中させず、全体に気を配(くば)らなくてはなりません。

2. 背筋(せすじ)を伸ばし、ハキハキ話すことが第一です。あなたの意志が伝わるように話したらいいです。一本調子(いっぽんちょうし)の声や無表情(むひょうじょう)な顔では、せっかく魅力(みりょく)ある発言(はつげん)をしても、担当者の耳には強く響(ひび)きません。

3. 面接官の質問は最後まで聞いてから答えます。わからないことは無理に答えようとせずに「申し訳ありません。不勉強(ふべんきょう)でわかりません」と素直(すなお)に話したほうがいいです。

◆面接する前に、何を準備(じゅんび)すればいいのか。

まず、自己紹介の内容を真剣(しんけん)に考え、まとめておきます。もちろん、自分の長所(ちょうしょ)を相手(あい)に伝えるように努力(どりょく)しましょう。

それから、面接用(めんせつよう)のスーツなどを準備しておきます。女性は、軽めのメークをし、あまり濃いものや、また自分の個性(こせい)を強調しすぎるものや、面接の雰囲気(ふんいき)にふさわしくないものはしません。

★服装やメークなどももちろん大事ですが、歩き方や姿勢などの立ち居振る舞いのほうがもっと重要です。背筋を伸ばしてきちんとした印象を与えるよう、動作にも気を配るように。

また、面接だとあがってしまって、なかなか思うように話せない人も多いのではないでしょうか。でも、面接官も人間です。話下手でも誠実さや仕事にかける熱意(ねっい)が伝われば、必ず好感を持って、あなたの話を聞いてくれるはずです。今までがんばって勉強してきたのだから、自信を持って面接に臨むことが肝心です。

第2課
初仕事

【知识目标】
　　1.　掌握句型「～べきだ」「～ないと～」「～（さ）せていただく」「～てもらえませんか/～ていただけませんか」「～ばいい」的意义及用法。
　　2.　掌握初次见面时自我介绍的固定表达。
【能力目标】
　　1.　在公司内部能够用日语进行初次见面时的自我介绍。
　　2.　掌握拜托他人帮忙的日语表达。能够清楚表达拜托事项。
【素养目标】
　　了解报告、联络、商量的重要性，培养服从指令的良好职业素养。

ウォーミングアップ

話している人がもっとも敬意を表しているものに「〇」をつけてください。

1. a 課長、お客様を連れてきました。

   b 課長、お客様をご案内して参りました（お連れいたしました）。

2. （企画書を提出するとき）

   a よければ見てもらいたいのですが…

   b よろしければご覧いただけますか。

3. a この方法について、部長の考えを聞かせてもらえませんか。

   b この方法について、部長のお考えをお聞かせ願えませんか。

4. a 部長、田中常務が呼んでいます。

   b 部長、田中常務がお呼びでございます。

5. （課長に）

   a 課長、〇〇商事からの電話です。

   b 課長、〇〇商事さんからのお電話です。

6. （来客で）

   a 加藤さん、吉田さんという方が来ています。

   b 加藤さん、〇〇銀行の吉田さんがお見えです（おいでです）。

7. a 明日はお休みしたいのですが…

   b 明日は休ませていただきたいのですが…

8. a お客様がおみえになられました。

   b お客様がおいでになりました。

モデル会話

 社内での自己紹介

張暁華：今日からお世話になります張暁華と申します。よろしくお願いします。

佐藤恵子：佐藤と申します。こちらこそ、よろしくお願いします。張さんは日本語がお
　　　　　上手ですね。

張暁華：いいえ、まだまだ勉強すべきところがたくさんあると思いますが…

佐藤恵子：そうですか。日本語科でしたか。

張暁華：いいえ、ちょっと違います。日本語＋ソフトウェアでした。そうは言って
　　　　　も、日本語の授業は1週間に6時間ぐらいしかなかったのです。ですから、
　　　　　これからもっと勉強しないと…

佐藤恵子：そうですか。日本語もソフトウェアも両方できるから、いいですね。頑
　　　　　張ってください。

張暁華：はい、頑張ります。

佐藤恵子：わからないことがあったら、何でも聞いてくださいね。

張暁華：はい、ありがとうございます。

解　説

（1）文型と表現を覚えましょう

①　動詞の辞書形＋ べきだ
　　　　　　　　　　 べき＋名詞

　　这是根据社会上的一般常识做出判断的句型。用于表示理所当然、有义务以及做出唯一选择的情况。可译为"应该……""应当……""必须……"。

○環境問題が自然と人間がいかに共存すべきかが大きなテーマとなります。/环境问题和人与自然如何共存等成为主题。

○双方間の協力には、開拓すべき新な分野がまだ多くあります。/双方合作中，应当开辟的新的领域还有很多。

○中国人の共同富裕への夢をどのように理解し、またどのように実現すべきだろうか。/中国人民共同富裕的梦想如何理解，又应该如何实现呢?

② 動詞未然形＋ないと～

这是句型「～（し）ないといけない」的省略表现，可译为"不……不行""必须……"。

○このままじゃだめですね。これからはもっと頑張らないと…/这样下去是不行的，今后必须更加努力。

○受験勉強か。もうちょっと努力しないと…/备考吗? 不努力可不行啊!

○若いうちに勉強しないと…/趁着年轻必须多学习。

(2) 役に立つ表現を覚えましょう

① 自己紹介をさせていただきます。/请允许我做自我介绍。

② 私、広州から参りました○○と申します。/我叫○○，来自广州。

③ わからないところがたくさんあると思いますので、これからよろしくお願いします。/我想我还有很多不懂的地方，今后还请多多关照。

④ 今度、こちらに配属（はいぞく）されました○○と申します。/我是这次被分配到这里的○○。

⑤ 5月からこの課に入った○○です。/我是从五月份起加入本科室的○○。

⑥ 一生懸命頑張りたいと思いますので、どうぞ、よろしくお願いします。/我很想努力工作，所以请多多指教。

（3）ポイント解釈

◆自己紹介は職場での第一印象を決定する大切なポイント。

◆いや味にならず自分自身をさりげなくアピールするのがコツ。

①配属部署、氏名はハッキリと。

②ふだんより、ゆっくり大きな声で。うつむいたり、キョロキョロしたりするのは禁物。

③これまでの経歴を簡略に述べる。苦労話やグチは禁物。

④仕事にかける夢や意気込みをイキイキと語り、最後に指導や協力をあおぐ言葉でしめくくる。ことばづかいは丁寧に。

仕事を引き受ける

渡辺一郎：張さん、ちょっといい？

　張暁華：はい。

渡辺一郎：新入社員の研修はどうだい？

　張暁華：はい、昨日で終わりましたが、いろいろ教えていただき、とてもいい勉強に
　　　　　なりました。

渡辺一郎：そうか。よかったなあ。ここの仕事には、もうだいぶ慣れてきたみたいだ
　　　　　ね。

　張暁華：はい、もう慣れてきました。

渡辺一郎：実は新しい仕事を任せようと思っているんだ。

　張暁華：はい。何のお仕事ですか。

渡辺一郎：Sunny商事って、知っているかな？

　張暁華：はい、うちと長い付き合いで、とても有名な貿易会社です。車の販売を主な
　　　　　仕事にしている大手でしょう。

渡辺一郎：うん、あの会社に新型車の宣伝を依頼されたんだ。ホームページで。

　張暁華：そうですか。

渡辺一郎：それで、君に任せようかと思った。

　張暁華：はい、わかりました。

渡辺一郎：向こうのご担当は副社長の山田顕という方…

　張暁華：はい、山田顕さんてすね。

渡辺一郎：うん、具体的なことは山田さんにお伺いしなさい。

　張暁華：はい、わかりました。

解 説

(1) 文型と表現を覚えましょう

動詞未然形＋（さ）せていただく

这是表示请求、允许的句型。「いただく」是「もらう」的自谦语，因此「～させていただく」比「～させてもらう」敬意更高。可译为"请让我（我们）……""请允许我（我们）……"。

○御社を見学させていただき、ありがとうございました。/让我们参观贵公司，十分感谢。

○微力ながら尽力させていただきます。/请让我尽微薄之力。

○電子申請システムを、一時停止させていただきます。/请允许我们暂时停止电子申请系统。

(2) 役に立つ表現を覚えましょう

① （上司）ちょっといい？/（上司）过来一下好吗?

② （部下）今、よろしいでしょうか。/（部下）现在可以打扰您一下吗?

③ ご依頼しました件につきまして訂正がございます。/拜托您的事情有所订正。

④ 失礼ですが、どんなお仕事でしょうか。/请问，是什么样的工作呢?

⑤「頑張ってください。」「はい、頑張ります。」/"加油！""好的，我会努力的。"

(3) ポイント解釈

◆「いい勉強になりました。」という文は決まり文句として覚える。

◆上司と部下の言葉づかいに注意してほしい。上司はくだけた表現でもいいが、部下のほうはやはり丁寧に話すほうがいい。

◆新しい仕事を引き受ける時は、まず、リーダーの指示は最後までさえぎらずに聞き、あとで質問したほうがいい。そして、指示を受ける時は必ずメモを取る。5W1H（WHATなにを・WHYなぜ・WHENいつ/いつまでに・WHEREどこで・WHOだれが・HOWどうやって）を確実に把握すること。それから、カラ返事はしないように。できそうもない時は、状況を説明して優先順位などの判断を仰いだほうがいい。最後に、指示の要点、特に数字や固有名詞は正確に、くりかえして確認すること。

同僚に頼む

張暁華：佐藤さん、ちょっと、お願いがあるのですけど…

佐藤恵子：はい、何ですか。

張暁華：このコピー、私が課長に頼まれたのですが、すぐ取引先まで出かけなくちゃならない急な用事が入ったのですよ。それで、申し訳ないですけど、私の代わりにこのコピーをしていただけませんか。

佐藤恵子：ええ、いいわよ。で、いつまで？

張暁華：課長からは10時までにと言われているのです。

佐藤恵子：はい、わかったわ。できたら、課長に届ければいいのね。

張暁華：はい、よろしくお願いします。

佐藤恵子：はい。

張暁華：いってきます。

佐藤恵子：いってらっしゃい。

張暁華：ただいま。

佐藤恵子：おかえり。お疲れ様。あっ、張さん、さっきのコピーの件、もう課長に届けましたよ。

張暁華：ありがとうございます。本当に助かりました。

佐藤恵子：どういたしまして。

（1）文型と表現を覚えましょう

① 動詞連用形＋てもらえませんか／ていただけませんか

这是表示请求对方为自己做事的礼貌句型。可译为"能不能请您……"。

○悪いんですけど、一週間ほど貸してもらえませんか。／不好意思，能不能借我一
　周左右？

○何か詳しいことがわかったら、連絡していただけませんか。／要是了解了详情，
　请您联络我可以吗？

○先生、論文ができましたので、ちょっとご覧になっていただけませんか。／老
　师，论文写好了，能否请您过目？

② 動詞仮定形＋ばいい

表示只要做了这一动作、行为就可以（解决问题）了，只要那样做就足够了。可译为
"……就行"。

○言われたとおりにやればいいでしょう。／按您所说的来做就行吧。

○知らない人や物に向き合った時、私たちはどのように対応すればいいのでしょう
　か。／面对不了解的人和事物的时候，我们该如何应对为好呢？

○初心者の方はどのプログラム言語を勉強すればいいのか、わからないかもしれま
　せん。／或许初学者不清楚学习哪个程序语言好。

（2）役に立つ表現を覚えましょう

① ちょっとお願いしたいのですが…／我有点儿事想拜托您。

② 申し訳ありませんが、ちょっとお願いできませんか。／不好意思，我能不能麻烦
　你一件事？

③ はい、いいですよ。／好的，可以。

④ できたら、連絡しましょうか。／做完以后，联系你吧。

⑤ はい、お願いします。／好的，拜托了。

⑥ 忙しいところ、ごめんなさいね（すみません）。／百忙之中，不好意思啊。

⑦ ああ、うまく処理していただき、ありがとうございます。／啊，处理得这么好，

真是太感谢了！

⑧ ○○さんのおかげで、無事に終わりました。/多亏○○先生（女士）的帮助，才順利结束。

（3）ポイント解釈

◆頼み方次第で作業者のモチベーションも効率も仕上がりも大きく変わってくる。ただ仕事を頼むだけではなく、相手にわかりやすく、的確に伝えることも大切。そして何よりも重要なのは仕事が完了した際には、必ず感謝を伝えること。仕事だからやって当たり前とするのではなく、感謝を伝える評価をしてあげることでお互いの信頼関係を築き上げる事が出来、よりいい仕事ができるようになる。次のような順番で頼んだらよい。

①仕事の内容→②できない理由→③謝り→④頼み→⑤感謝

例：これ、コピーの件なんですが、急に取引先へ行かなくてはならないので、すみ
　　　　　　①　　　　　　　　　　　急に取引先へ行かなくてはならないので②　　　　すみ
ませんが、ちょっとコピーをしていただけませんか。（いいよ。）ありがとう
　③　　　　　　ちょっとコピーをしていただけませんか④　　　　　　　　　　ありがとう
ございます。
　⑤

◆「猫の手も借りたいから、あなたに頼む」のではなく、「あなたの手を、今、借りたい」ことを相手に伝える。「適当にやっておいて」といったバトンの渡し方では、その時点から次の走者はやる気を失う。

三　楽しく話しましょう　

次の質問を考えて話してみてください。

1. うちの会社に入る前に、どちらでお仕事をなさっていたんですか。

2. 大学時代の専門は、なんでしたか。

3. 新入社員として、どう自己紹介しますか。

4. 新しい仕事を任せようと思いますが、どうですか。

5. ちょっとお願いしたいことがあったら、どう頼みますか。

6. 代わりに、この資料を課長のところに届けてもらうには、何と言いますか。

7. 同僚に仕事を手伝ってもらったら、どう話しますか。

四　練習問題　

1. 言い換えて話しましょう

(1) 例：A：今日からお世話になります<u>張暁華</u>と申します。よろしくお願いします。

B：佐藤と申します。こちらこそ、よろしくお願いします。

　　　　①井上正雄　　　　　②渡辺一郎　　　　　③鈴木美咲

(2) 例：A：張さん、これ、<u>PPC会社に確認してください</u>。

   B：はい、<u>PPC会社</u>ですね。

   A：うん。

①3時までにファクスで送る ②20部コピーする ③150枚注文する

(3) 例：A：佐藤さん、ちょっと、<u>お願い</u>があるんですけど。

   B：うん、何？

   A：<u>このコピーをして</u>もらえませんか。

①聞きたいこと・ ②お願い・ ③教えてもらいたいこと・

PPC会社の電話番号を教える これを確認する コピー機の使い方を教える

2. 録音の会話を聞いて、話しましょう。

(1) A：今度、こちらに配属(はいぞく)された王玲(おうれい)さんです。

  B：① _____ 王玲と申します。どうぞ、② _____ 。

  C：佐藤と申します。よろしくお願いします。王さんは日本語がお上手ですね。

  B：いいえ。③ _____ 。

  C：ご専門は日本語科でしたか。

  B：いいえ、④ _____ 。

  C：そうですか。わからないことがあったら、何でも聞いてくださいね。

  B：⑤ _____ 。

(2) A：李さん、ちょっといい？

　　B：①＿＿＿＿＿＿＿＿＿。

　　A：実は新しい仕事を任せようと思っているんだ。

　　B：はい、②＿＿＿＿＿＿＿＿＿。

　　A：サントリー商事って、知っているかな？

　　B：はい、③＿＿＿＿＿＿＿＿＿。

　　A：うん、あの会社の宣伝を依頼されたんだ。それで、君に任せようかと思っ
　　　　た。頑張ってね。

　　B：はい、④＿＿＿＿＿＿＿＿＿。

(3) A：鈴木さん、ちょっと、①＿＿＿＿＿＿＿＿＿。

　　B：うん、何？

　　A：このコピー、②＿＿＿＿＿＿＿＿＿ですが、すぐ取引先まで出かけなくちゃな
　　　　らない急な用事が入ったんですよ。③＿＿＿＿＿＿＿＿＿、私の代わりに
　　　　④＿＿＿＿＿＿＿＿＿？

　　B：はい、いいよ。

　　A：⑤＿＿＿＿＿＿＿＿＿。

3. 次の状況に基づいて、会話を作ってみてください。

A：営業部新入社員	B：営業部社員
①今日からお世話になりますと言って、自己紹介をしてください。	②自己紹介をしてください。そして、日本語がお上手だと褒めてください。
③まだまだ勉強すべきところが多いと言ってください。	④あいづちを打ち、大学時代の専攻を聞いてください。
⑤日本語＋ソフトウェアだったと答えてください。	⑥両方できるから、いいと言います。そして、頑張るように言ってください。
⑦頑張りますと言ってください。	⑧分からないことがあったら、何でも聞くように言ってください。
⑨お礼を言ってください。	

4. 次の文の（　　）にはどんな言葉を入れたらよいか。最も適当なものを一つ選んでください。

（1）その俳優が大好きなので、ぜひ私に彼へのインタビューを（　　　　）。

　　①してさし上げませんか　　　　②していただけませんか

　　③させてくださいませんか　　　④させていただけませんか

（2）私の辞書を（　　　　）ましょう。

　　①お貸し　　　　　　　　　　　②お貸して

　　③お貸しし　　　　　　　　　　④お貸しになり

（3）谷川さんが描いた絵を（　　　　）か。

　　①おみえしました　　　　　　　②ごらんいたしました

　　③おみになりました　　　　　　④ごらんになりました

（4）先生に教えて（　　　　）数学のおもしろさがわかりました。

　　①いただくために　　　　　　　②いただいてはじめて

　　③いただこうとしても　　　　　④いただいたことだから

（5）A：だれかポスターをかいてくれる人を知りませんか。来月、社内オーケストラのコンサートを開くんです。

　　B：ああ、それなら弟に（　　　　）くださいませんか。美術学校の学生なんです。

　　①かかせてやって　　　　　　　②かかれてやって

　　③かかせてもらって　　　　　　④かかれてもらって

豆知識

報・連・相

　「報・連・相」とは、「報告」「連絡」「相談」を略したものです。特に部下から上司へ、適切なタイミングで正確に報告・連絡・相談をする必要があります。

◆報告

　上司から指示された業務や、部下の担当業務に関する経過や状況を、正しく伝えることです。上司に報告をする場合、まずは相手の都合を確認するのがビジネスマナーです。急ぎの報告でない場合、上司に口頭で結論だけ話してからメールで詳細を伝えたり、メモで書いて伝えたりするなど、状況に応じた工夫が必要です。また報告は必ず仕事を指示した上司に直接するようにし、伝える際は結論から先に簡潔に伝えましょう。

◆連絡

　仕事における決定事項や、事実などを周りの人たちに知らせることです。報告同様、自分の感情や予測ではなく正確な事実を伝えましょう。チーム全員が知っておくべき情報は、朝礼で発表をしたり、一斉にメール送信したりしましょう。さらに社内で掲示するなどの方法も効果的です。できるだけ伝え漏れがないように、いくつかの方法を組み合わせて伝えておくと安心です。

◆相談

　仕事で判断に迷ったり、悩んだりしたときに、上司に意見やアドバイスをもらうことです。相談は、報告・連絡に比べて時間が必要なケースが多いため、緊急事態以外は予め上司にスケジュールを確認しておくと安心です。相談は上司に悩みを丸投げすることではありません。上司が判断するのに必要な情報を伝え、きちんと理解してもらい、自

分の考えも伝えたうえでアドバイスをもらうようにしましょう。何か新しいアイデアを思いついたり、提案したりする場合には、裏付けとなるデータや、改善策を資料としてまとめておくと、相手にも伝わりやすくなります。

　「報・連・相」は最も大事な職場コミュニケーションの一つです。社内全体で「報・連・相」の目的やポイントを共有し、一人ひとりが意識しながらコミュニケーションをとっていきましょう。

第3課
特別状況

【知识目标】

　　1. 掌握句型「～ことになる」「～てもよろしい」「～なくて（も）いい」「～よう気をつける」「～んです」「～なくちゃならない」的意义及用法。

　　2. 掌握职场中请假、迟到和加班等特殊情况的日语表达。

【能力目标】

　　能够在职场中的特殊情况下用日语进行有效沟通。

【素养目标】

　　了解职场问候礼仪。培养良好的团队合作素养。

ウォーミングアップ

次の文を読んで、正しいものに「〇」、正しくないものに「×」をつけてください。

1. （　　）部長、ちょっとよろしいですか。

2. （　　）お客さんは何時ごろ、こちらにいらっしゃいますか。

3. （　　）今日はお休みをいただいております。

4. （　　）休まさせていただいております。

5. （　　）課長の佐々木<ruby>様<rt>さ さ き</rt></ruby>はおりますか。

6. （　　）<ruby>金井<rt>かな い</rt></ruby>という者ですが…課長の佐々木様はいらっしゃいますか。

7. （　　）田中が戻りましたら、すぐに電話させます。

8. （　　）佐々木さんなら、ただいま会議で電話に出られません。

9. （　　）課長、今度の月曜日、休暇を取ってもよろしいですか。

10. （　　）本日、山田は休んでおります。かわりに聞いておきましょうか。

モデル会話

 休暇を取る

張暁華：部長、ちょっとよろしいでしょうか。

渡辺一郎：うん、何だ？

張暁華：実は来週、田舎から両親が来ることになりました。それで、月曜日、休暇を
　　　　頂（いただ）きたいのですが…

渡辺一郎：月曜か。月曜はちょっと…

張暁華：そうですか。無理ですか。

渡辺一郎：うーん。実は、月曜に日本語のわからないアメリカ人のお客さんが来るんだ
　　　　よ。それで、張さんに通訳（つうやく）を頼もうと思っていたんだけどなあ。

張暁華：そうですか。そのお客さんは何時頃こちらにいらっしゃいますか。

渡辺一郎：そうだね。午後2時頃だと思う。困ったなあ。まあ、この件は考えておくよ。

張暁華：すみません、よろしくお願いします。

解　説

（1）文型と表現を覚えましょう

① 動詞辞書形＋ことになる

表示就将来的某种行为做出某种决定，达成某种共识，得出某种结果。「～ことに
なった」则显得更加郑重，书面性语气更浓。可译为"决定……"。

○今度、上海支社に行くことになります。/决定此次调往上海分公司。

○この問題は細部（さいぶ）については両政府の次官級（じかんきゅう）協議にゆだねられることになった。/
　　　关于这个问题的细节部分已经委托两国政府的副部长级进行磋商。

○今度の発表会は3年3組の教室でやることになりました。/这次的发表会定在3年3班的教室举行了。

② 動詞連用形＋てもよろしい

是句型「～てもいい」的礼貌表达，其疑问句用于向别人提出请求时，常用的礼貌表达方式，可译为"我可以……吗？""我……行吗？"。

○今日は早く帰ってもよろしいですか。/今天，我可以提前回去吗？

○この資料、ちょっとお借りしてもよろしいですか。/我可以借一下这份资料吗？

○ここで資料を調べてもよろしいでしょうか。/我可以在这里查阅资料吗？

(2) 役に立つ表現を覚えましょう

① 部長、ちょっとお願いしたいことがありますが…/部长，我有件事想请求您。

② 実は、来週の月曜日、休みを頂きたいのですが、よろしいでしょうか。/其实下周一我想请个假，可以吗？

③ 月曜か、それはちょっと困るなあ。/周一啊。这有点儿为难啊！

④ そうですか、わかりました。…でも、何とかお願いできませんか。/是吗？我明白了。但是无论如何请您帮帮忙。

⑤ 具合が悪いので、今日、早退させていただきたいんですが。/因为身体有点儿不舒服，所以今天我想早点儿下班。

⑥ 申し訳ありませんが、頭痛がひどいので、病院に行きたいのですが。/很抱歉，我头疼得厉害，想去医院。

(3) ポイント解釈

◆会社の上司に何か用があった場合には、まず相手の都合を聞かなければならない。例えば、「ちょっとよろしいでしょうか」など。

◆その都合がよければ、単刀直入に話題に入ることができる。そのときは、よく「実は…」という表現があるので、覚えておこう。

◆休暇を取りたいときは、なるべく早めに上司に申し入れて了解を得る。会社によっては「休暇届」の提出を定めているので、その場合は所定の用紙に記入して、上司に届けを出すが、その日程で休みが取れるか事前に打診し、了解を得てから提出したほうがいい。

◆最後に、「ありがとうございます」、「よろしくお願いします」などを忘れないようにしよう。

遅刻する

張暁華：おはようございます。

渡辺一郎：おはよう。遅刻(ちこく)だよ、張さん。

張暁華：はい、すみません。今朝(けさ)、ちょっと頭が痛くて、起きられませんでした。

渡辺一郎：そうか。今、頭痛(ずつう)は大丈夫？

張暁華：はい、薬を飲んだら、だいぶよくなりました。

渡辺一郎：そう？今日は無理しなくていいよ。

張暁華：はい、ありがとうございます。

渡辺一郎：しかし、今度、遅刻するときは、事前に電話連絡をするよう気をつけてね。

　　　　　事故でもあったのではないかと、皆が心配するから。

張暁華：はい、そのようにいたします。

渡辺一郎：うん、よろしくね。

張暁華：はい、わかりました。今日は、申し訳ありませんでした。

解　説

（1）文型と表現を覚えましょう

　①　～なくて（も）いい

　表示"没有必要做……"的意思，可译为"不……也行（可）"。口语常用「～なく
てもかまわない」「～なくても大丈夫」。正式的说法是「なくともよい」。

〇お仕事が忙しい場合は、無理してこなくてもいいですよ。/工作忙时，不必勉强
　过来。

〇委任状(いにんじょう)を提出すれば、必ずしも本人でなくてもいい。/如果提交了委托书，也不
　一定非本人参加不可。

〇あしたは休みだから、会社に行かなくていい。/明天休息，不必去公司。

② ～よう気をつける

表示提醒、当心、注意的句型。可译为"请注意……"。

○今度、遅刻しないよう気をつけてね。/下次请注意不要迟到。

○この薬は1日に1回だけ飲むよう気をつけてください。/请注意这个药一天只吃一次。

○制服を着るよう気をつけます。/注意要穿制服。

(2) 役に立つ表現を覚えましょう

① 明日の出勤は〇〇時頃になりますので、よろしくお願いいたします。/明天我〇〇点左右去单位，拜托了。

② すいません、寝坊しました。あと1時間で着きます。/对不起，我睡过头了。还有1个小时到公司。

③ 朝から具合が悪いので、2時間後に出勤してもよろしいでしょうか。/早上开始就不舒服，我两小时候后上班行吗?

④ これからは気をつけます。今日は本当にすみませんでした。/我以后会注意的。今天实在是对不起了。

⑤ これからは、早く出勤するように頑張ります。/我以后会努力早点上班。

(3) ポイント解釈

◆本来、遅刻というものは、あってはならないものであるが、やむをえない場合もあるだろう。例えば、急な病気や交通事故などにより、やむを得ず遅刻をしてしまう場合もある。こうした場合は、それがわかった時点で、会社へと連絡するのが基本的なマナーである。会社側も早めに遅刻することがわかっていれば、対処することができるからだ。

◆遅刻した場合、上司に怒られても当たり前のことである。いいわけしないで素直に謝ればいい。「申し訳ありません（ございません）」などでまず謝ったほうがいい。

◆しかし、「なんで遅刻したんだ」「理由を言え」などと言われたとしたら、「通勤中お腹が痛くなってしまって、電車を降りてトイレにいっていました」とか、「昨日、深夜まで残業した」とか、「遅くまで家族の看護をした」とか正当な理由であれば、上司も納得するだろう。

◆そして、「二度と遅刻しません」や「これからは気をつけます」などといった自分の決意を表した方がいいだろう。

残業する

渡辺一郎：張さん、今晩、予定は？

　張暁華：別に何もありませんが…

渡辺一郎：じゃ、急ぎの仕事が入ったので、残業してもらいたいんですがねえ。これ、
　　　　　明日の会議で使うもの。急いでまとめといて。

　張暁華：はい、わかりました。

……

佐藤恵子：張さん、まだ帰らないの。

　張暁華：うん、まだ明日の会議の準備が終わらないんですよ。今日中に、この資料を
　　　　　まとめなくちゃならないの。

佐藤恵子：そうか。大変ですね。

　張暁華：まあ、なんとか頑張りますから。

佐藤恵子：うん、頑張って。じゃ、お先に。

　張暁華：お疲れ様でした。

 **解　説**

（1）文型と表現を覚えましょう

　① ～んです

　是「～のです」的口语表达形式，接在简体句或「名詞/形容動詞語幹＋な」的后面，用于叙述原因或理由或表达自己的强烈主张和坚定决心。

○「何を書いているんですか。」「手紙を書いてるんです。」/ "你在写什么呢？" "我在写信。"

○大きなことができずとも、小さなことをするだけでうれしいんです。/ 虽然干不了大事，但仅仅做小事也很开心。

○ここは雰囲気がよくて、落ち着いて好きなことができるんです。/这里的氛围很好，能够静心做喜欢的事。

②　動詞未然形＋なくちゃならない

是比「〜なくてはならない」更随便的说法，表示"……是必要的、不可缺少的、义务的"等意，可译为"必须……"。

○そろそろ、帰らなくちゃならないの。/是时候必须回去了。

○学生だから、勉強しなくちゃならない。/因为是学生，就必须好好学习。

○これだけ、お母さんに言わなくちゃならないと思うわ。/我想必须向妈妈说这件事。

(2)　役に立つ表現を覚えましょう

①山田君、今日は残業してもらえない？/山田，今天加个班好吗？

②はい、いいですよ。/好的，没问题。

③これ、明日の会議の資料なんで、ちょっと整理してもらえない？/这是明天开会要用的资料，帮我稍微整理一下好吗？

④山田さん、まだ帰らないんですか。/山田，还不回去啊？

⑤ええ、急な仕事が入ってね、残業しなくちゃ。/是啊，突然来了工作，必须得加班了。

⑥そうですか、手伝いましょうか。/是这样啊！用我帮你吗？

⑦本当ですか、じゃ、よろしくお願いします。/真的吗？那就拜托你了。

(3)　ポイント解釈

◆新入社員ですから、最初は言われるままの仕事しかできない。その状態のときは、自分に仕事を教えてくれている先輩（インストラクターともいう）に言われた仕事をし終えたら「終わりました。あとは何をすればよろしいでしょうか。」と聞いたほうがいいだろう。

◆手伝える仕事がないのなら早く帰った方が先輩達のためでもあるから、上司や残業者に「お先に失礼します」と必ず挨拶をして帰ろう。

◆大切なのは、協力できる仕事は進んで協力することである。敏感（びんかん）に雰囲気を感じ取ることも大事である。

◆ほかの同僚より早く退社するときは、「お先に失礼します」とひとこと言うのが常識（じょうしき）である。

楽しく話しましょう

次の質問を考えて、話してみてください。

1. 急用ができて、休暇をとりたい場合は、どのように話せばいいですか。

2. 両親が国から来ることで、休暇を取りたい場合は、どのように話せばいいですか。

3. 体の調子が悪くて、休暇を取りたい場合は、どのように話せばいいですか。

4. 電車の故障で、遅刻した場合は、どのように謝ればいいですか。

5. 寝坊して遅刻した場合は、どのように謝ればいいですか。

6. 部下に残業してもらう場合は、どのように話せばいいですか。

7. 残業することになる同僚に、どのように退社の挨拶をしたらいいですか。

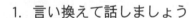　　　　　**練習問題**

1.　言い換えて話しましょう

(1)　例：A：部長、ちょっとよろしいでしょうか。

　　　　　B：うん、何だ？

　　　　　A：実は、<u>来週、田舎から両親が来る</u>ことになりました。それで、月曜日、休暇をいただきたいのですが…

①歯医者にかかる

②外国人登録に行く

③健康診断を受ける

（2）例：Ａ：おはようございます。

　　　　Ｂ：おはよう。遅刻だよ、張さん。

　　　　Ａ：はい、すみません。今朝、<u>ちょっと頭が痛くて</u>、<u>起きられませんでした</u>。

①目覚まし時計が鳴らない・　　②渋滞にあう・　　③電車の中で居眠りする・
　寝坊する　　　　　　　　　　　遅刻する　　　　　乗り過ごす

（3）例：Ａ：張さん、まだ帰らないの。

　　　　Ｂ：うん、まだ<u>明日の会議の準備が終わら</u>ないんですよ。

　　　　Ａ：そうか。大変ですね。

　①資料を整理する　　　②仕事が終わる　　　③お客さんから電話がくる

2. 録音の会話を聞いて、話しましょう。

（1）Ａ：部長、①＿＿＿＿＿＿＿＿＿。

　　Ｂ：うん、何だ？

　　Ａ：実は②＿＿＿＿＿＿＿＿んです。それで、③＿＿＿＿＿＿＿＿＿。

　　Ｂ：月曜か。月曜はちょっと…

　　Ａ：④＿＿＿＿＿＿＿＿。

　　Ｂ：うん。実は、月曜日に通訳の仕事を頼もうと思っていたんだけど。まあ、この件は考えておくよ。

　　Ａ：⑤＿＿＿＿＿＿＿＿。

（2）A：①＿＿＿＿＿＿＿＿＿＿。

　　　B：おはよう。遅刻だよ。

　　　A：はい。②＿＿＿＿＿＿＿＿＿。今朝、③＿＿＿＿＿＿＿＿、起きられませんでした。

　　　B：そうか。今は大丈夫？

　　　A：はい、薬を飲んだら④＿＿＿＿＿＿＿＿＿。

　　　B：そう？今日は無理しなくていいよ。

　　　A：⑤＿＿＿＿＿＿＿。

（3）A：田中さん、まだ帰らないの。

　　　B：うん、まだ①＿＿＿＿＿＿＿＿んですよ。今日中②＿＿＿＿＿＿＿＿。

　　　A：そうか。大変ですね。

　　　B：③＿＿＿＿＿＿＿＿から。

　　　A：うん、頑張って。じゃ、お先に。

　　　B：④＿＿＿＿＿＿＿。

3. 次の状況に基づいて、会話を作ってみてください。

A：営業部社員	B：営業部部長
①朝の挨拶をしてください。	②「おはよう」と言ってください。
③遅れたことを謝ってください。	④遅れた理由を聞いてください。
⑤朝から体の具合が悪くて、病院に行ってきたと答えてください。	⑥「大丈夫か」と聞いてください。
⑦注射をしたので、もう大丈夫だと言ってください。	⑧これからは遅刻をしないよう言ってください。
⑨もう一度謝ってください。	

4. 次の文の（　　）にはどんな言葉を入れたらよいか。最も適当なものを一つ選んでください。

（1）私が皆様のご意見を（　　　　）うえで、来週ご報告いたします。

　　　①うかがった　　　　　　　②うかがわれた

③うかがわせる　　　　　　　④うかがっている

(2) A：もう7時半だ。バスに間に合うかな。

　　B：気をつけて。（　　　　　）。

　　①しつれいします　　　　　　②いっていらっしゃい

　　③いってまいります　　　　　　④かしこまりました

(3) A：このICレコーダーを使わせてくださいませんか。

　　B：はい、（　　　　　）。

　　①くださいません　　　　　　②くださいます

　　③お使いください　　　　　　④使わせてください

(4) A：すみません。鉛筆を忘れてしまったんですが、ちょっと（　　　　　）ませんか。

　　B：あ、いいですよ。どうぞ、これ。

　　①貸してあげ　　　　　　②貸してやり

　　③貸してもらえ　　　　　　④貸してもらい

(5) A：どうぞ、ごらんください。

　　B：では、（　　　　　）。

　　①いたします　　　　　　②拝見します

　　③ご覧になります　　　　　　④お見せになります

五　豆知識

　ビジネスシーンでは、社内外を問わず、不特定多数の方と接することになります。挨拶は、コミュニケーションをとる上で大切な行為です。特に、お客様を迎えるにあたって非常に大切な行為です。

◆相手による挨拶のマナー

1. 社内の上司、先輩

　目上の方に挨拶をする場合は、挨拶の言葉と同時にお辞儀をしてください。必ず立ち止まり、通り過ぎるまでお辞儀を続けてください。

2. 仕事上のお客様

「お世話になっております」と声をかけた後に、お辞儀をしてください。

3. 宅配便、ビルの警備員などの業者の方

「おはようございます」「お疲れ様です」の挨拶をすることで、企業としてのイメージが上がることに繋がります。

◆状況による挨拶のマナー

1. 外出時

「○○に行ってまいります」。謙譲語（けんじょうご）の「まいります」を使用します。自分の居場所（いばしょ）を明確にするためにも挨拶してから出かけてください。

2. 外出する方に

「行ってらっしゃいませ」。外出される方は、挨拶の声をかけてもらうことで気分良く出かけることができるので、気持ちのよい挨拶で送り出しましょう。

3. 帰社時

「ただ今戻りました」と一声かけてから席につくことを心がけてください。声が聞こえることで、帰社したという認識が得られます。

4. 帰社した方に

「おかえりなさいませ」。外出先から帰社した際に、声をかけてもらうことを嫌がる方はいないはずです。

5. 退社時

「お先に失礼いたします」。残業している方に配慮したつもりで黙って退社することは、すすめられません。社内に残っている方には、一声掛けて退社してください。

6. 退社する方に

「お疲れ様でした」が基本的な挨拶ですが、その日仕事でお世話になった方には「今日はありがとうございました」と添えると印象がよくなります。

第4課
電話応対 Ⅰ

【知识目标】

1. 掌握句型「～でございます」「～でいらっしゃいます」「お（ご）～になる」「～とは～ということだ」「～次第」的意义及用法。

2. 掌握打电话的流程和固定日语表达。

【能力目标】

能够准确使用电话用语流利地接打电话。

【素养目标】

了解接打电话的礼仪以及交换名片的礼仪。培养良好的职业素养，提高跨文化交际能力。

一 ウォーミングアップ

次の文を読んで、正しいものに「〇」、正しくないものに「×」をつけてください。

1. （　　）清水建設の清水と申しますが、高橋さまいらっしゃいますか。

2. （　　）清水さまでございますね。

3. （　　）高橋でございますね、少々お待ちください。

4. （　　）課長の高橋はただいま外出しておりまして…

5. （　　）高橋ならおります、すぐ呼んでまいりますので少々お待ちいただけますか。

6. （　　）かしこまりました。高橋に申し上げておきます。

7. （　　）申し訳ございません。お電話が少々遠いようですが。

8. （　　）山田課長が明日ご連絡を差し上げるとおっしゃいました。

モデル会話

 電話をかける

張暁華：もしもし、私、IMC開発部の張暁華と申します。いつもお世話になっております。

山田顕：こちらこそ、いつもお世話になっております。

張暁華：恐れ入りますが、副社長の山田顕様、いらっしゃいますか。

山田顕：はい、私が山田顕でございますが。

張暁華：お忙しいところ失礼いたします。今、ちょっとよろしいでしょうか。

山田顕：ええ、もちろんです。

張暁華：実は、御社の新型車の宣伝の件なのですが、私が責任者としてやるように、部長より指示を受けました。

山田顕：あ、そうですか。よろしくお願いします。

張暁華：はい、こちらこそ、よろしくお願いします。それで、できれば早く、宣伝についての具体的な要求や予算を、ファックスで送っていただけませんか。

山田顕：そうですね。早いほうがいいですね。じゃ、明日の午前10時ごろはいかがでしょうか。

張暁華：はい、明日午前10時ですね。わかりました。お待ちしております。

解　説

(1) 文型と表現を覚えましょう

　　～でございます

　　「ござる」是「ある」的礼貌语，「でございます」是比「です」更礼貌的说法，通

常应用于比较正式的场合。可译为"是……"。

○はい、JC企画の上海事務所でございます。/您好，这里是JC策划公司上海办事

　处。

○部長はただいま会議中でございますが。/部长现在正在开会。

○おはようございます。5階の家電売り場でございます。/早上好。这里是5楼家电

　卖场。

(2) 役に立つ表現を覚えましょう

① お忙しいところ、申し訳ございません。/百忙之中打扰您，真不好意思。

② ○○会社の鈴木でございます（です）。/我是○○公司的铃木。

③ 少々お時間をいただけますでしょうか。/能耽误您一点时间吗?

④ ○○の件ですが。/关于○○的事……

⑤ 三点あります。まず一点目ですが。/有三点，首先是第一点。

⑥ こちらこそ、いつも大変お世話になっております。/哪里，您客气了，我们总是

　承蒙您的照顾。

⑦ 恐れ入りますが、山本様はいらっしゃいますでしょうか。/打扰了，请问山本先

　生在吗?

⑧ 山本様、今、3分ほどお時間を頂戴してもよろしいでしょうか。/山本先生，现

　在能给我3分钟的时间吗?

⑨ 松田さんをお願いします。/请松田先生接听电话。

⑩ 今、ちょっとよろしいでしょうか。/现在方便吗?

⑪ 実は、ちょっとお伺いしたいことがあったんですが。/事实上有点儿事想跟您商

　量一下。

⑫ 近いうちにお目にかかりたいと思いまして、お電話させていただきました。/打

　电话给您，是想最近找个时间跟您见个面。

⑬ じゃ、そういうことで。/那么，就那么办。

（3）ポイント解釈

◆電話をかけるプロセスを見よう。

　電話をかける→①相手が出る

　　　　　　　　→②相手が不在で他人が出る→a.かけなおす

　　　　　　　　　　　　　　　　　　　　→b.伝言する

◆ポイントチェック

　　①本文のように、名前を聞かれる前に自分から名乗るのがマナーである。そして、
　　　会社名も忘れずに言うように。

　　②相手の職名を知っていれば、それを敬称にして、分からなければ、「～さん」
　　　「～さま」をつけてください。

　　③「わたし」や「ぼく」などは、プライベート電話なら使うが、仕事では使わな
　　　い。「わたくし」が基本である。

　　④要件をなるべく手短かに済ませたほうがいい。5W1H（いつ、どこで、誰が、な
　　　にを、なぜ、どのように）をはっきりして伝えることが肝心である。

2　電話に出る（1）

——本人がいる場合

（ベルが2回鳴りました。）

張暁華：はい、IMC開発部でございます。

山田顕：Sunny商事の山田顕と申しますが、張暁華さんをお願いします。

張暁華：山田顕様でいらっしゃいますか。張暁華でございます。いつもお世話になっております。

山田顕：ああ、張さん、どうも。実は、急な出張が入ってしまいまして、今日は約束どおりに予算書（よさんしょ）をお届けできませんが…

張暁華：そうですか。いつお戻（もど）りになられますか。

山田顕：明日の午後2時に戻る予定ですので、戻ったらすぐ検討して、それから明日の退社時までにはお届けできると思いますが…それでよろしいでしょうか。

張暁華：そうですか。退社時までにとは、明日午後5時までにということですね。それならば間に合いますので、お待ちしております。

山田顕：はい、勝手なお願いを申し上げまして、申し訳ありません。よろしくお願いいたします。

張暁華：はい、こちらこそ、よろしくお願いいたします。

解　説

（1）文型と表現を覚えましょう

①　～でいらっしゃいます

该句型是「～です」的尊敬的表达方式。

○ご両親はお元気でいらっしゃいますか。/您父母还好吗?

○こちらは日本からおいでになった山田先生でいらっしゃいます。/这位是来自日本的山田老师。

○皆様お元気でいらっしゃいますか。/大家还好吧?

② お（ご）＋動詞連用形・サ変動詞語幹＋になる

这是尊敬语的表达形式，主要用于长辈或应该尊敬的人的行为。

○いつ、ご出席になられますか。/您什么时候出席?

○田中さんはもうお帰りになられました。/田中先生已经回去了。

○ぜひ、お読みになってください。/请一定读一下。

③ ～とは～ということだ

表示引用。前接对方的活，用来确定其真实意图，可译为"……就是……"。

○李さんが支社に転職するとは、昇進するということですか。/小李调职到分公司就是说要升职吗?

○宮保蝦仁とはエビとピーナッツと唐辛子を炒めるということですね。/宫保虾仁就是炒虾仁、花生和辣椒。

○今日中提出しなければならないとは、残業するということですか。/今天内必须提交的意思就是要加班吗?

(2) 役に立つ表現を覚えましょう

① ○○会社の山田様でいらっしゃいますね。/您就是○○公司的山田先生吧?

② 明日、そちらにお伺いしてもよろしいでしょうか。/我明天去您那儿拜访可以吗?

③ 恐れ入ります。少しお電話が遠いようなのですが。/很抱歉,电话似乎有些听不清。

④ ただいま、かわりますので、少々お待ちください。/我这就把电话转交给他, 请稍等。

⑤ お電話をありがとうございます。/谢谢您打电话来。

⑥ よく聞き取れません。もう少し大きな声でお願いします。/听不清楚, 请您稍微大一点儿声吗?

（3）ポイント解釈

◆電話を受けるプロセスを見よう。

　電話を受ける→①自分にかかってきた電話

　　　↓

　②他人にかかってきた電話→①取り次ぐ

　　　　　　　　　　　　　→②その人がいない　　　　　　　　→a.後で電話させる

　　　　　　　　　　　　　→③いるが、電話中・席を外している　　→b.伝言を受ける

◆ポイントチェック

　　①なるべく早く電話を取る。3コール以内で受話器を取るのが常識である。3コール

　　　以上鳴ってしまったとき、「お待たせいたしました」と言ったほうがいい。

　　②電話に出るとき、会社名と部署名、あるいは支店名を告げてください。ダイヤル

　　　インのときは部署名だけでも大丈夫。

　　③外部の人からの電話に対して決まり文句として「いつもお世話になっておりま

　　　す」と言う。

　　④重要な要件は時間もメモして復唱をしてください。

　　⑤電話を切るときのタイミングに注意する。普通は相手とほぼ同じぐらいにきれば

　　　いい。「失礼いたします」といって、2、3秒ぐらい数えて、相手が切ったのを確

　　　認してから静かに受話器を置くのが常識である。

３　電話に出る（2）

──本人がいない場合

（ベルが2回鳴りました。）

佐藤恵子：はい、IMC開発部でございます。

山田顕：Sunny商事の山田顕と申しますが、渡辺部長はいらっしゃいますか。

佐藤恵子：いつもお世話になっております。申し訳ございませんが、渡辺はただいま外出しておりますので、帰り次第、折り返しお電話させますが…

山田顕：あっ、そうですか。私も出先ですので、特に急用ではありませんから、また、こちらから電話いたします。

佐藤恵子：はい、承知いたしました。お電話いただきました旨、渡辺に伝えておきます。

山田顕：では、失礼いたします。

佐藤恵子：失礼いたします。

解　説

（1）文型と表現を覚えましょう

動詞連用形＋次第

该句型相当于「～たら、すぐ～」的客气用语，常用于打电话时的应答中。适用于正式场合，可译为"……马上就……""一……就……"。

○調査結果がわかり次第、そちらにご報告いたします。/一知道调查结果，就向您报告。

○受付開始は午前9時で、定員になり次第締め切られます。/问讯处开始时间为上午9点，到了规定名额就截止。

○資料が手に入り次第、すぐに公表するつもりです。/我打算一得到材料就马上公布。

(2) 役に立つ表現を覚えましょう

① お出かけですか。何時ごろお戻りになられますか。/外出了吗？什么时候回来？

② ただいま、ほかの電話に出ております。/现在在接听其他电话。

③ あいにく、今日、お休みをいただいております。/不巧，（他）今天休息。

④ ただいま、外出中ですが、お急ぎでいらっしゃいますか。/现在外出了，您很急吗？

⑤ ただいま、休憩中で、1時には席に戻りますが…/现在午休，一点回来。

⑥ のちほど、こちらから電話を差し上げましょうか。/稍后给您回电话好吗？

⑦ 戻りましたら、ご連絡させますが。/回来后（让他）和您联系。

⑧ 午後4時すぎに戻る予定ですので、それからのご返事でよろしいでしょうか。/下午四点以后回来，在那之后回复可以吗？

⑨ 明日のご返事でもよろしいでしょうか。/明天答复可以吗？

(3) ポイント解釈

◆本人がいない場合なら、電話を受けるとき、次の順番で伝える。

　①謝り→②電話に出ない理由→③後で電話する提案

　例：①申し訳ございませんが、②ただいま、○○は席を外しておりますので、

　　　③帰りましたら、お電話させますが…

◆上司あてに電話がかかってきたが、上司が電話に出られないとき、相手に敬意を表すので、上司を呼び捨てにする。

　例：A：田中部長はいらっしゃいますか。

　　　B：申し訳ございませんが、田中はただいま外出しております。

三　楽しく話しましょう

次の質問をちょっと考えて、話してみてください。

（電話をかける場合）

1. どう挨拶したらいいですか。

2. 相手に時間をもらいたいとき、どう話したらいいですか。

3. 電話を切るとき、どう話したらいいですか。

（電話を受ける場合）

4. 本人が電話に出るとき、どう話しますか。

5. 本人が電話に出られない理由を説明してください。

6. 後で電話することを提案してください。

 # 四　練習問題

1. 言い換えて話しましょう。

（1）例：A：私、<u>IMC開発部の張暁華</u>と申します。いつもお世話になっております。

　　　　B：こちらこそ、いつもお世話になっております。

　　　　A：恐れ入りますが、<u>副社長の山田顕様</u>、いらっしゃいますか。

　　　　B：はい、私が<u>山田顕</u>でございますが。

①IMC営業部の高山・
松下部長

②総務課の木下・
山田課長

③開発部の小野・
部長中村様

(2) 例：A：はい、<u>IMC開発部</u>でございます。

B：Sunny商事の山田顕と申しますが、<u>張暁華さん</u>お願いします。

A：<u>張暁華</u>です。いつもお世話になっております。

①IMC営業部　　　　　②IBM開発部　　　　　③CC営業部
<ruby>松本<rt>まつもと</rt></ruby>さん　　　　　<ruby>山本<rt>やまもと</rt></ruby>さん　　　　　<ruby>渡辺<rt>わたなべ</rt></ruby>さん

(3) 例：A：Sunny商事の山田顕と申しますが、<u>渡辺部長</u>はいらっしゃいますか。

B：申し訳ございませんが、<u>渡辺はただいま外出しております</u>ので、帰り次第、折り返しお電話させますが…

A：あっ、そうですか。特に急な用件ではありませんから、また、電話いたします。

①鈴木課長・いま席を外す　②中村さん・今日休む　③山下部長・今会議中

2. 録音の会話を聞いて、話しましょう。

(1) A：私、IMC開発部の①＿＿＿＿＿＿＿＿と申します。②＿＿＿＿＿＿＿＿。

B：こちらこそ、いつもお世話になっております。

A：③＿＿＿＿＿＿＿＿、山本部長、④＿＿＿＿＿＿＿＿。

B：はい、私が山本でございますが…

A：⑤＿＿＿＿＿＿＿＿。

B：いいえ、どうも。

A：実は、＿＿＿＿⑥＿＿＿＿ですが、＿＿＿＿⑦＿＿＿＿としてやるように、

部長の渡辺に指示されました。

B：あ、そうですか。

(2) A：はい、①＿＿＿＿＿＿＿。

B：JKF商事の伊藤と申しますが、鈴木さんをお願いします。

A：②＿＿＿＿＿＿。

B：ああ、鈴木さん、どうも。実は、急な出張が入ってしまいまして、今日は約
束どおりに予算書をお届けできませんが…

A：③＿＿＿＿＿＿。

B：勝手なお願いですが、明日午後5時までにお届けしたら、よろしいでしょう
か。

A：④＿＿＿＿＿＿。

B：申し訳ありません。よろしくお願いいたします。

A：⑤＿＿＿＿＿＿。

(3) A：はい、①＿＿＿＿＿＿＿。

B：JKF商事の伊藤と申しますが、鈴木さんをお願いします。

A：②＿＿＿＿＿＿。

B：そうですか。また、こちらから電話いたします。

A：はい、③＿＿＿＿＿＿。

B：では、失礼します。

A：④＿＿＿＿＿＿。

3. 次の状況に基づいて、会話を作ってみてください。

A：IMC開発部社員の山田一郎	B：金田商事の金田正夫
①IMC開発部だと言ってください。	②金田商事の金田正夫と自己紹介をしてください。そして、山田一郎さんをお願いしますと言ってください。
③山田一郎だと答えて、いつもお世話になっていると言ってください。	④お世話になっているとも言って、急用ができてそちらに行けなくなったと謝ってください。
⑤あいづちを打って、何時に戻るかを聞いてください。	
⑦あいづちを打ってください。	⑥夜9時だと答えてください。
⑨もう一度繰り返して確認してください。そして、待っていると言ってください。	⑧明日の午前10時ごろ訪ねていいかと聞いてください。

4. 次の場合において、最も適切な応答を一つ選んでください。

（1）あなたの部署の電話が鳴りました。

　　①もしもし、〇〇電機営業部です。

　　②もしもし、どなたですか。

　　③はい、〇〇電機営業部でございます。

（2）要件を話し出す前に、どのように先方のお時間の都合を尋ねますか。

　　①今、お時間、よろしいでしょうか。

　　②今、時間大丈夫ですか。

　　③今、時間がありますか。

（3）「依頼された資料を、本日付で郵送した」を、もっと丁寧な言い方に変えましょう。

　　①先日ご依頼していただいた資料の件ですが、本日付で郵送させていただきました。

　　②先日ご依頼いただいた資料の件ですが、本日付で郵送させていただきました。

　　③先日ご依頼いただいた資料の件ですが、本日付で郵送していただきました。

（4）本人が外出先から直接帰宅する場合は相手にどう伝えますか。

　　①ただいま外出しておりまして、本日、会社には戻らない予定になっております。

　　②ただいま外出しておりまして、本日はそのまま帰宅いたします。

　　③ただいま外出しておりまして、本日は直帰いたします。

豆知識

基本の４つのステップ

◆準備

あらかじめ名刺入れを手元に用意しておき、すぐに名刺を取り出せるようにしておきます。目下あるいは訪問者の方から相手に近づき、先に名刺を出します。

◆名刺を渡す

名刺を相手に正面を向けて差し出します。「立ち上がり→両手で渡し→微笑みで→正面を相手に向け→順向で→挨拶」のような流れをします。挨拶するとき社名・部署名・フルネームを次のように名乗ります。「○○商事第２営業部美月あきこと申します」。この時、相手が差し出した名刺の高さよりも低い位置で差し出すことで、謙虚さを表すことができます。

同時交換の場合、お互いに右手で差し出し、左手で受け取ります。

◆名刺を受ける

受け取ったら、すぐに右手を添えます。「立ち上がり→微笑みで→両手で受け取り→挨拶→真面目に読む」のような流れをします。

挨拶の時、「頂戴いたします。よろしくお願いします。」と答えます。読む時、「珍しいお名前ですね。何とお読みすればよろしいですか。」「素敵なお名前ですね。」など一言添えると、緊張した空気も和らぐでしょう。ただし、こうして会話を交わす時も、基本的に名刺は胸より上の高さでキープしておきます。

◆渡された後

受け取った名刺はすぐに名刺入れにしまわないようにします。名刺入れの上に併せて持ち、テーブルがある応接室などの場合は、椅子に座った後にテーブルの上に名刺入れ、名刺の順に積み重ねておきます。相手が何名かいて、すぐには全員の名前を覚えられないときは、机の上に、相手が座っている順番に並べると顔と名前が一致して、覚えやすくなります。

第5課
電話応対 Ⅱ

【知识目标】

1. 掌握句型「お（ご）～です」「～かねる」「～てほしい」「～とのことだ」「～って（いう）」的意义及用法。

2. 掌握接受留言和转达留言的固定日语表达。

【能力目标】

能够用日语准确地接受和转达留言。

【素养目标】

1. 了解接打电话的礼仪。

2. 理解责任感的重要性，培养良好的职业素养。

ウォーミングアップ

次の言葉を敬語に変えた場合、正しいものに「〇」をつけてください（答えは一つとは限りません）。

1. 山本さんはいますか。

　①（　　　）山本さんはいらっしゃいますか。

　②（　　　）山本さんはいらっしゃいますでしょうか。

　③（　　　）山本さんはおいででしょうか。

2. 山本さんはいつ来ますか。

　①（　　　）山本さんはいつおこしになりますか。

　②（　　　）山本さんはいつおいでになられますか。

　③（　　　）山本さんはいつおこしでしょうか。

3. 電話をもらえますか。

　①（　　　）（お）電話を頂けますか。

　②（　　　）（お）電話を頂けますでしょうか。

　③（　　　）（お）電話をくださいますか。

4. 会いたいのですが。

　①（　　　）お目にかかりたいのですが。

　②（　　　）お会いしたいのですが。

　③（　　　）お目にかけたいと思いますが。

5. 伝言を頼みたいのですが。

　①（　　　）伝えてもらえませんか。

　②（　　　）よろしければ、伝言をお願いしたいのですが。

　③（　　　）伝言を頼んでいいですか。

6. 話を聞きたい、あるいは意見を尋ねたい。

　①（　　　）（お）話を伺いたいのですが。

　②（　　　）ご意見を伺いたいのですが。

　③（　　　）ご意見を聞かさせてください。

モデル会話

 1　　伝言を受ける

佐藤恵子：はい、IMC開発部でございます。

山田顕：Sunny商事の山田顕と申しますが、渡辺部長は、いらっしゃいますか。

佐藤恵子：いつもお世話になっております。誠に申し訳ございません。渡辺はただ今、席を外しております。

山田顕：そうですか。よわりましたね。

佐藤恵子：何かお急ぎのご用でしょうか。

山田顕：はい、ちょっと……。渡辺部長はいつお戻りですか。

佐藤恵子：申し訳ありません。それはわかりかねますが…

山田顕：そうですか。

佐藤恵子：何かご伝言がございますでしょうか。

山田顕：では、渡辺部長がお戻りになられましたら、お電話をいただきたいと、お伝えいただけませんか。

佐藤恵子：はい、かしこまりました。ご連絡先を確認させていただきます。

山田顕：はい、Sunny商事の山田顕と申します。

佐藤恵子：はい、Sunny商事の山田顕様ですね。

山田顕：そうです。

佐藤恵子：はい、確かにその旨、伝えておきます。

山田顕：では、よろしくお願いします。

解　説

(1) 文型と表現を覚えましょう

① お（ご）＋動詞連用形・サ変動詞語幹＋です

此为尊他敬语表达方式。用于值得尊敬的对方或第三人称的语言、行为之上，借以表达讲话人的尊敬之意。

○小林君、事務室へ行ってください。部長がお呼びです。/小林，请去办公室，部长叫你。

○社長、お帰りですか。/社长您要回去了吗?

○先生は、最近どんな問題をご研究ですか。/老师，您最近在研究什么问题?

② 動詞連用形＋かねる

这个句型接在动词连用形后，表示这样做有困难或不可能。有种"即使想做（或努力了）也不可能"的含义。可译成"不能……""难以……"。

○そのご意見には賛成しかねます。/不能赞成您的意见。

○残念ながら、そのご提案はお受けいたしかねます。/很遗憾，很难接受您的提案。

○私どもでは責任を負^おいかねます。/我们难以承担这个责任。

(2) 役に立つ表現を覚えましょう

① よろしければ、ご伝言を承^{うけたまわ}りましょうか。/如果可以的话，我帮您传话吧?

② 恐れ入りますが、折^おり返^{かえ}しお電話を頂けませんでしょうか。/对不起，能请您给我回个电话吗?

③ あいにく席をはずしておりますが、おそらく〇〇分ほどで戻ると思います。/很不巧，（他）现在不在。不过我想大约〇〇分钟后就能回来。

④ 折り返しこちらから、ご連絡を差し上げるようにいたしましょうか。/请允许我过一会儿再给您打电话。

⑤ お急ぎのご用件でしょうか。/请问是很着急的事情吗?

⑥ ○○から電話があったとお伝えいただけますか。/请转告说○○打过电话来了，好吗？

⑦ 何かご伝言がございますでしょうか。/您有什么要转告的吗？

⑧ お急ぎのご用でしたら、お伝えしますが…/有什么急事的话，我可以替您转达……

（3）ポイント解釈

◆伝言を受けるプロセスを見てみよう。

①伝言を受けることを提案する→②伝言を聞いて、メモをする→③用件の内容を確認する→④伝える旨、回答する

例：それでは、①ご伝言、承りましょうか。（②メモをとる）③はい、9時ですね。④かしこまりました。そのように伝えます。

◆伝言を受けるときはメモをとりながら、次のいくつかの要素を確認しよう。

①相手の名前と会社名を確認する。

「○○さんから電話がありました」だけでは、どこの○○さんかわからず、こちらから連絡のとりようがないということにもなるので、会社名と部署や役職、姓名までをきちんと確認するべきである。

②用件を聞き要約して復唱する。

「よろしければご用件をうかがいますが」と言って、日時、金額、品名といった数字や固有名詞は、間違いのないよう繰り返して確認したほうがいい。

③相手の電話番号を聞いておく。

先方に折り返し電話を入れる必要があるときは、念のため番号を確認しよう。

④最後に要点を復唱・確認する。

伝言を伝える

佐藤恵子：部長、お疲れ様です。今、よろしいですか。

渡辺一郎：はい。何ですか。

佐藤恵子：1時間ほど前、Sunny商事の山田顕様からお電話がございました。

渡辺一郎：あ、そう？

佐藤恵子：はい。

渡辺一郎：何かおっしゃったの？

佐藤恵子：はい、至急、電話してほしいとのことでしたが…

渡辺一郎：そうか、わかった。ありがとう。

解　説

（1）文型と表現を覚えましょう

　① 動詞連用形＋てほしい

表示说话人对自己以外的人的希望或要求。是"我想请您……""希望能保持这种状态"之意。可译成"希望……""想……"。

　○みんな、祖国建設のために、力を尽してほしい。/希望各位为祖国建设拼尽全力。

　○母には、いつまでも元気で長生きしてほしい。/希望妈妈永远健康、长寿。

　○この展覧会には、たくさんの人に来てほしい。/希望很多人来这个展览会。

　② ～とのことだ

接在句子简体形的后面，是「～（だ）そうだ/ということだ」的意思，用于述说从别人那里听到的事情的场合。可译为"听说……""据说……"。

　○みなさんによろしくとのことでした。/说给大家带好。

　○無事に〇〇大学に合格されたとのこと、誠におめでとうございます。/听说你顺

利进入了〇〇大学，真是可喜可贺啊。

〇デザイナーとしての経験をお持つとのことですが、これまでにどんな物を作られ

ましたか。/您有作为设计师的经验，至今为止制作了什么样的东西？

(3) 役に立つ表現を覚えましょう

① さきほどお電話がありました。/刚才有您的电话。

② 20分ほど前に、山本株式会社の木村様からお電話がありました。/大约20分钟

前，山本股份公司的木村先生给您打过电话。

③ 折り返しお電話をくださるそうです。/说是一会儿再给您打过来。

④ 午後2時ごろ、またお電話をくださるとのことでした。/说是下午两点左右再给

您打电话。

⑤ お留守の間に、〇〇さんからお電話がありました。/您不在的时候，〇〇（先

生）打来电话了。

⑥ 至急、連絡をいただきたいとおっしゃっていましたが。/说是希望能马上跟您取

得联系。

⑦ 後ほど、改めてお電話くださるとのことです。/说是随后再打电话过来。

(4) ポイント解釈

◆電話応対で問題が起こるのは、せっかくかけてもらったのに、用件が本人に伝わらな

かったり、伝わっても内容が違っていたりすることである。だから、伝言がある時、

必ず相手の会社名、氏名などを正しく名指し人に伝えるようにする。たとえば、「30

分ほど前、山田商事の田中様からお電話がありました」など。

間違い電話

相　手：もしもし、木下さん？

張暁華：こちらはIMC開発部でございますが。大変恐れ入りますが、どちらさまでしょうか。

相　手：えっ、IMC開発部？すみませんが、そちらには木下っていう人、いませんか。

張暁華：木下ですか。少々お待ちください。確認いたしますので…

相　手：はい、お願いします。

張暁華：お待たせいたしました。弊社にはそういう名前のものはおりません。

相　手：そうですか。間違えたかな……。あのう、失礼ですが、そちらは031−2928ではありませんか。

張暁華：いいえ、違います。こちらは031−2828です。

相　手：えっ、そうですか？！間違えたか（独り言）。大変失礼しました。

解　説

(1) 文型と表現を覚えましょう

　　名詞＋って（いう）＋名詞

　　是「名詞＋という＋名詞」的缩略形式，是一种较随便的口语表达方式。用于表示说话人不知道，或以为听话人也许不知道的事物。可译为"叫……的……"。

　　○駅前のベルって喫茶店、入ったことある？/你去过站前那个叫电铃的咖啡店吗？

　　○佐川さんっていう人に会いました。友達だそうですね。/我遇见了叫佐川的人，听说你们是朋友。

　　○これ、佐藤って作家の書いた本です。/这是叫佐藤的作家写的书。

（2）役に立つ表現を覚えましょう

　　① 何番におかけですか。/请问您要几号?

　　② どちらにおかけですか。/请问您找哪位?

　　③ 木下という名前のものはおりません。/没有叫木下的人。

　　④ 間違えました。どうもすみませんでした。/我搞错了，实在抱歉!

　　⑤ 恐れ入りますが、どなたさまですか。/不好意思，请问您是哪位?

　　⑥ 電話番号をお間違えではありませんか。/您是不是弄错电话号码了?

（3）ポイント解釈

◆間違い電話を受けた時、まず「こちらはIMC開発部でございますが」などという決まり文句(もんく)で相手に自分のことを教えたほうがいい。

◆そして、「そちらには木下っていう人、いませんか」などと聞かれたら、早く確認してください。その前に、「少々お待ちください」を忘れないようにする。

◆名指し人がいなければ、「お待たせいたしました。弊社にはそういう名前のものはおりません」と言って、応対してください。

◆最後に、お互いに電話番号を再確認してください。

三　　楽しく話しましょう ◾◾◾ ● ‥‥‥‥‥‥‥‥‥

次の質問をちょっと考えて、話してみてください。

1. 営業部の鈴木部長さんはいらっしゃいますか。（本人がいない場合）

2. 相手の名前と会社名を確認するとき、どう聞いたらいいですか。

3. 相手に伝言を頼まれたとき、どう答えますか。

4. 目上の人にどのように伝言を伝えますか。

5. かかってきた電話が間違いのようなとき、どう話したらいいですか。

 四　　練 習 問 題 ◾◾◾ ● ‥‥‥‥‥‥‥‥

1. 言い換えて話しましょう。

（1） 例：A：<u>渡辺部長</u>さん、いらっしゃいますか。

B：誠に申し訳ございません。<u>渡辺</u>はただ今、席を外しております。<u>戻りましたら、お電話させますが…</u>

①橋本^{はしもと}課長・

折り返しお電話いたしますが

②野中^{のなか}部長・

明日のご返事でもよろしいでしょうか

③中谷^{なかや}さん・

午後4時半に戻る予定ですので、それからの

ご返事でよろしいでしょうか

（2）例：A：何かご伝言がございますでしょうか。

B：では、渡辺部長さんがお戻りになられましたら、<u>お電話をいただきたい</u>と、お伝えいただけませんか。

A：はい、かしこまりました。ご連絡先を確認させていただきます。

B：<u>Sunny商事の山田顕</u>と申します。

①折り返しお電話をいただきたい・

　金田貿易の松下

②明日の午前中にお伺いしたい・

　太陽銀行の中川

③ご連絡をいただきたい・

　友好センターの藤本はるこ

2.　録音の会話を聞いて、話しましょう。

（1）A：…井上さんは、いらっしゃいますか。

B：申し訳ありません、①＿＿＿＿＿＿＿＿。

A：そうですか。では、お戻りになられましたら、お電話をいただきたいと、お伝えいただけませんか。

B：②＿＿＿＿＿＿＿＿。

A：大和銀行の佐藤美崎と申します。

B：はい、③＿＿＿＿＿＿＿＿。

A：そうです。

（2）A：部長、お疲れ様です。①＿＿＿＿＿＿＿＿。

B：はい。何ですか。

A：②＿＿＿＿＿＿＿＿＿。

B：あ、そう？

A：はい。

B：何かおっしゃったの？

A：はい、③＿＿＿＿＿＿＿＿。

（3）A：もしもし、木下さん？

B：①＿＿＿＿＿＿＿＿＿。大変失礼ですが、②＿＿＿＿＿＿＿＿＿。

A：えっ、すみませんが、そちらには木下っていう人、いませんか。

B：木下ですか。うちは③＿＿＿＿＿＿＿＿。

A：そうですか。あのう、失礼ですが、そちらは031－2928ではありませんか。

B：いいえ、こちらは④＿＿＿＿＿＿＿＿＿です。

3. 次の状況に基づいて、会話を作ってみてください。

A：BAT電力技術部の小沢健三	B：中央発電所開発部の田中真一
①BAT電力技術部だと言ってください。	②技術部の山田部長はいるかどうかを聞いてください。
③不在だと答えてください。	④困ったなと言って、いつ戻るかを聞いてください。
⑤分からないと答えてください。	⑥山田部長が戻ったら電話をしてくださいと伝言を依頼してください。
⑦分かったと言って、相手の連絡先を確認してください。	⑧中央発電所開発部の田中真一だと答えてください。
⑨もう一度繰り返して確認してください。	

4. 問題3の情況に基づいて、次の電話応対メモを書き入れなさい。

電話応対メモに記載する基礎・基本情報	
(1) いつ電話がかかってきたか。	
(2) 誰からの電話か。	
(3) 先方の連絡先は？	
(4) どんな用件か。	
(5) 誰が代わりに電話を受けたのか。	

五　　　　　　豆知識

責任感

　「責任感」とは、自分のやるべきことに対して責任を果たそうという気持ちを持ち、自分の言動とその結果について自分で始末をつけることを指します。責任感がある人の特徴は下記のとおりです。

◆約束や時間を守る

　責任感のある人は、約束や時間をしっかり守ります。約束のキャンセルや遅刻は相手の時間を無駄にしてしまう恐れがあるため、守れないと「責任感がない」と思われてしまうでしょう。特にビジネスにおいて遅刻や約束の放棄は厳禁です。責任感のある人は、相手への思いやりを持った余裕のあるスケジュール管理をする傾向があります。

◆やるべきことを最後までやり切る

　やるべきことを最後までやり通すことも、責任感がある人の特徴の一つです。ビジネ

スにおいては仕事の経過よりも結果が求められる傾向があるため、引き受けた仕事を最後までやりきることが重要視されます。「自分が最後まで責任を持ってやり遂げる」という強い気持ちを持ち、物事に取り組むことが大切です。

◆周囲から信頼されている

　責任感がある人は、普段から自分が任されたことや自分がやるべきことに対して、しっかり自分でやり遂げようという当事者意識があり、実際にやり遂げる行動力も備えています。また、うまくいかないことやミスがあった場合に責任転嫁^{てんか}することもありません。こうした理由から、周囲から信頼されていることが多いです。そのため、仕事などを任されることも多く、その信頼に応^{こた}えようとする精神があるため、周囲からの信頼をさらに強いものにする能力も兼^かね備^{そな}えています。

第6課
来客への接待

【知识目标】
　　1. 掌握句型「～そうだ」「～ております」「～おかげで / おかげだ」的意义及用法。
　　2. 掌握迎接客人和接待来客的固定问候语和礼仪。

【能力目标】
　　1. 掌握接人待客的礼仪。
　　2. 能够用日语与客人应对自如。

【素养目标】
　　了解接人待客的礼仪的必要性，培养职场中接人待客的基本素养，进一步提升跨文化交际能力。

ウォーミングアップ

次の言葉をもっとも敬意のある表現に直してください。

1. そんなに気にしないでね。

2. 確認をお願いします。

3. スケジュール表を忘れました。すみません。

4. ちょっと待ってね。

5. この前もう連絡しました。

6. あるいは、以前と同じ方法で処理するようにやりましょうか。

7. 私には迷惑ではありませんが。

8. 対応してもらい、本当に助かりました。

9. お休みの時すみません。

10. スケジュールについて、確認させてください。

モデル会話

 出迎え

渡辺一郎：張さん、ちょっといい？

張暁華：はい。

渡辺一郎：昨日、Sunny商事の副社長の山田顕さんから電話があって、今週の土曜日に大連に来る予定ですって。君は、山田さんのお出迎えをしてくれないかな。

張暁華：はい、わかりました。

（空港のホールで、張さんが名前を表示した札を持ちながら待っている。）

張暁華：（自分のほうに近づく人を迎えて）あの、失礼ですが、Sunny商事の山田さんでしょうか。

山田顕：はい、山田顕と申します。

張暁華：はじめまして、IMC会社の張暁華と申します。どうぞ、よろしくお願いします。

山田顕：こちらこそ、よろしくお願いします。

（名刺交換）

張暁華：ようこそ。山田さんが来られるのを楽しみにしていたのですよ。

山田顕：ご多忙中のところ、わざわざお出迎えいただき、ありがとうございます。

張暁華：いいえ。空の旅は快適でしたか。

山田顕：ええ、大連は東京から近いので、とても気楽です。

張暁華：これから、しばらく大連にいらっしゃられるそうで、よかったですね。

山田顕：ええ、今度の宣伝をお願いします。楽しみにしております。

張暁華：はい、頑張ります。あっ、荷物は全部そろっていますね。

山田顕：ええ、全部ここにあります。

張暁華：では、あちらへ参りましょう。車は外で待っております。

山田顕：はい、参りましょう。

解　説

(1) 文型と表現を覚えましょう

① ～そうだ

接用言简体形后，表示该信息不是自己直接获得的，而是间接听说的。不能使用否定或过去的形式。可译为"听说……""据说……"。

〇パンフレットによると、拙政園^{せっせいえん}は明代に建てられ、中国庭園の母でもあるそうです。/根据手册可知，据说拙政园始建于明代，也是中国园林之母。

〇担当者の話によると新製品の開発に成功したそうだ。/据负责人说，新产品的开发已经获得了成功。

〇新華網によると、我が国は西昌衛星発射センターで長征3号乙運搬ロケットを用いて、56基目の北斗航法衛星の打ち上げに成功したそうです。/据新华网报道，我国在西昌卫星发射中心用长征三号乙运载火箭，成功发射第56颗北斗导航卫星。

② ～ております

该句型是「～ている」的自谦表达方式。

〇田中はただいま席を外しておりますが、戻って来ましたら折り返しさせましょうか。/田中现在不在，回来后让他给您回电话吧。

〇少しでも多くの方とご縁を広げられたらと思っております。/我觉得尽可能的认识更多的人比较好。

〇今までご協力くださったり、応援してくださったりした方々には本当に感謝しております。/向一直以来给予合作、支援的各位表示由衷的感谢。

(2) 役に立つ表現を覚えましょう

① 日曜日の午前8時に、北京空港に着く予定ですが、時間は大丈夫でしょうか。/预定周日上午八点到达北京机场，时间上没问题吧。

②お出迎えいただき、ありがとうございます。/谢谢您前来迎接。

③お荷物、多いですね。かばん、ひとつお持ちいたしましょう。/行李挺多的，我帮您拿一个包吧。

④ お褒めに預かって、恐縮でございます。/承蒙夸奖，深感惭愧。

⑤ 今、空港に着いたところですけど。/现在刚刚到达机场。

⑥ わたくしは△△商事の○○と申します。会社からお迎えに参りました。/我是
△△商事的○○，从公司过来迎接您的。

⑦ お疲れになられたでしょう。/您一定很累了吧。

⑧ お忙しいのに、すみません。/让您百忙之中来，真不好意思。

⑨ 車の用意はできています。どうぞ、あちらへ。/车子准备好了，那边请。

（3）ポイント解釈

◆空港で出迎えの時の大事なポイントは、最初の「言葉かけ」である。次の二種の情況
を注意してほしい。

①知り合いの場合、来客より早く話しかけたほうがいい。笑顔で「いらっしゃいま
せ」「お待ちいたしておりました」と、挨拶する。

②まだ会ったことがない場合、前もって、名札を用意して、目立つように高く挙げる
といい。そして、来客が目的の人であるかどうか確かめ、それから、簡単で、明瞭
な自己紹介をする。例えば、「わたくし××社○○部の△△と申します。これから
ご案内いたします。どうぞこちらへ」と、習慣として、互いに名刺交換をする。

来客の接待

（翌日、会社で）

張暁華：こちらへどうぞ。

山田顕：失礼します。

張暁華：どうぞ、おかけください。

山田顕：ありがとうございます。

張暁華：部長を呼んでまいりますので、少々お待ちください。

山田顕：はい、お願いします。

佐藤恵子：お飲物は何がよろしいでしょうか。

　山田顕：コーヒー、お願いします。

佐藤恵子：はい、コーヒーをどうぞ。

　山田顕：ありがとうございます。

佐藤恵子：部長がすぐに参りますので、少々お待ちください。

　山田顕：わかりました。

渡辺一郎：山田さん、お待たせいたしました。お久しぶりですね。お元気ですか。

　山田顕：おかげさまで、とても、元気です。東京でお会いしてから半年ぐらいですね。

渡辺一郎：そうですね。御社の業績は非常に好調と 承(うけたまわ)りましたが…

　山田顕：いえいえ、御社と提携(ていけい)させていただいたおかげだと思います。

渡辺一郎：今夜、会食(かいしょく)の場を用意しておりますから、その時ゆっくりお聞かせください。

　山田顕：はい、ありがとうございます。

解　説

(1) 文型と表現を覚えましょう

～おかげで / おかげだ

該句型表示原因、理由。用于积极结果产生的情况。当理由不确定时，可用「～お
かげか」表示。另外「～おかげさまで」只能用于句首。可译为"托……的福""幸
亏……""归功于……""由于……缘故"。

○君が手伝ってくれたおかげで、仕事が早く片づいた。/多亏你帮忙，工作才得以
　及早完成。

○デジタル技術のおがげで、生産ラインの故障とメンテナンスの回数は減りまし
　た。/归功于数字技术，生产线路的故障和维修的次数减少了。

○先生の教え方が丁寧なおかげか、このクラスには落ちこぼれの学生は一人もいませ
　ん。/也许是由于老师教育有方，这个班上没有一个学生掉队。

(2) 役に立つ表現を覚えましょう

① 鈴木はすぐにまいりますので、しばらくお待ちください。/铃木马上就过来，请
　您稍等一会儿。

② 大変申し訳ございませんが、事務室は禁煙とさせていただいております。/不好
　意思，办公室里禁止吸烟。

③ おかげさまで、今回のプロジェクトが成功しました。/托您的福，这次的项目取
　得了成功。

④ 申し訳ございませんが、鈴木は只今、席を外しております。15分ぐらいで戻り
　ますが、お待ちいただけますでしょうか。/实在抱歉，铃木现在不在，大约15分
　钟后回来，您能稍等一下吗？

⑤ 突然お伺いいたしまして、ご迷惑をおかけしました。/ 突然拜访，给您添麻烦了。

⑥ 山田とは何時のお約束ですか。/和山田的约会是几点？

⑦ 応接室へご案内いたしますので、どうぞ、こちらへお越しください。/我带您到
　会客室，您这边请。

(3) ポイント解釈

◆ 接待の準備

来客の基本状況、例えば引率者、人数、名前、性別、職名職務などを了解する。

時間と乗り物を確認する。

来訪目的、方式、要求などを把握する。

◆ お茶の出し方

①お茶などを茶托に乗せて出す。

②お茶はお客様の右側の背後から出す。

③茶菓子はお客様の左に置く。

④書類の上に置いたりしないように静かに置く。

◆ 見送りの仕方

原則としては、玄関まで見送る。相手の姿が見えなくなるまで相手を見送る。そして見送りの時はしっかりとお辞儀をする。

三　楽しく話しましょう

次の情況を考えて、話してみてください。

1. 空港でお客さんを出迎えるとき、航空便の到着時間が延期になりました。この状況であなたはどうしますか。

2. 課長は、今日あなたと一緒に空港へお客さんを出迎える予定でしたが、急に用事ができ、行くことができなくなりました。こんな状況で、あなたはお客さんにどう説明しますか。

3. 自己紹介の時、自分の名刺を持っていなければ、どうしますか。

4. 明日はフリータイムで、お客さんを大連の星海広場へご案内します。あなたはどんなふうに案内しますか。スケジュールを考えてください。

5. お客さんが今晩、友達とカラオケ・クラブへ行く予定で、あなたを誘っています。もしあなたが行きたくないなら、どのように断りますか。

四　練　習　問　題

1. 言い換えて話しましょう。

(1) 例：A：あの、失礼ですが、<u>Sunny商事</u>の<u>山田さん</u>でしょうか。

B：はい。わたくしは<u>山田顕</u>でございます。

A：ようこそ。<u>山田さん</u>が来られるのを楽しみにしていたのですよ。

B：わざわざお出迎えいただき、ありがとうございました。

①YKK株式会社の中村一郎　　②大旺商事の小中文子　　③カジワ本社の劉文一

(2) 例：A：失礼します。お飲物は何がよろしいでしょうか。

　　　　B：<u>コーヒー</u>、お願いします。

　　　　A：はい、<u>コーヒー</u>をどうぞ。

　　　　B：ありがとうございます。

　　　　A：部長がすぐ参りますので、少々お待ちください。

　　　　B：わかりました。

　①紅茶　　　　　　②ブラック・コーヒー　　　　　③緑茶

2. 録音の会話を聞いて、話しましょう。

（1）A：あの、①＿＿＿＿＿＿＿＿＿＿。

　　　B：はい、渡辺と申します。

　　　A：はじめまして、②＿＿＿＿＿＿＿＿＿。

　　　B：こちらこそ、よろしくお願いします。

　　　A：ようこそ。③＿＿＿＿＿＿＿＿＿。

　　　B：ご多忙中のところ、わざわざお出迎えいただき、ありがとうございます。

　　　A：④＿＿＿＿＿＿＿＿＿。

　　　B：ええ、とても気楽です。

　　　A：⑤＿＿＿＿＿＿＿＿＿。

　　　B：ええ、全部ここにあります。

　　　A：⑥＿＿＿＿＿＿＿＿＿。

　　　B：はい。

（2）A：おはようございます。

　　　B：おはようございます。

　　　A：①＿＿＿＿＿＿＿＿＿。

　　　B：このホテルは大変静かでしたから、よく眠れました。

A：②＿＿＿＿＿＿＿＿＿。

B：よろしくお願いします。

A：③＿＿＿＿＿＿＿＿＿。

B：この予定は大変いいと思いますが、もう一件付け加えられませんか。

A：④＿＿＿＿＿＿＿＿＿。

B：日曜日、大連で国際ファッション展示会がありますよね。よろしければ、見に行きたいです。

A：⑤＿＿＿＿＿＿＿＿＿。

B：朝10時から始まるそうです。

A：⑥＿＿＿＿＿＿＿＿＿。

B：行き届いたお手配、本当にありがとうございます。

A：⑦＿＿＿＿＿＿＿＿＿。

B：ありがとうございます。

3. 次の状況に基づいて、会話を作ってみてください。

A：X社営業部の社員小沢武	B：Y社営業部の課長上田健一
①(空港で出迎え)相手の名前を確認して挨拶してください。	②初対面の挨拶をしてください。
③簡単に自己紹介してください。	④あいづちをして、自己紹介をしてください。
⑤長い旅をねぎらい、相手に来訪のお礼を言ってください。	⑥あいづちをしてください。
⑦今日のスケジュールについて、説明してください。（午前10時に会社へ案内し、午後１時に社長と面会のあと、夜7時に歓迎会を行う。）	⑧お礼を言って、午後工場を見学したいと言ってください。
⑨社長との面会の後、案内すると言ってください。	⑩お礼を言ってください。

4. 下記の表現を敬語に訂正してください。

(1) 出迎えてくれて、ありがとうございました。

(2) A：荷物、ひとつ持ちましょうか。重いようですからね。

　　B：いいですよ。どうぞ。

(3) わたしは△△商事の○○です。会社から迎えます。

(4) 部長をお呼びしますので、少々待ってください。

(5) 失礼ですが、何が飲みたいですか。

(6) A：貴社はますます繁盛^{はんじょう}するとお聞きしましたが…

　　B：うん、今年の注文が多くなりますから。

(7) 調べますから、少々待ってもらえないでしょうか。

五　豆知識

チームワークの効果とチーム強化

　チームワークは、メンバーが持つ能力を結集させて共通目標の達成を目指す協同作業^{きょうどうさぎょう}です。対等な立場で気軽に話せる環境を実現するためには、良好なチームワークの構築^{こうちく}が大切です。メンバーの存在を認めた上で、率直^{そっちょく}な意見を交換することで信頼関係が深まり、相互に助け合える風土が定着します。

◆チームワークの効果とメリット

　良好なチームワークが構築されることで、適材適所の人材配置や組織の活性化などのメリットがもたらされます。技術やノウハウの定着につながり、経営戦略^{けいえいせんりゃく}に良い影響を与えるでしょう。チームワークのメリットは主に以下の三つが挙げられます。

・生産性の向上

・職場の士気が向上

・ロイヤリティの向上

◆チーム強化のポイント

チームワークを高めるために取り組みたい、5つのポイントがあります。

1. チーム目標の共有

現状の課題を明確にした上で、達成すべき行動目標・数値目標をすべてのメンバーに共有することが、チームワーク形成の第一歩です。

2. 役割の明確化

メンバーが当事者意識を持って担当業務に取り組めるよう、目標の共有と同時に役割分担を行います。

3. リーダーの配置

メンバーへ目標達成の道筋をつけ、経営層や他部署との意見調整を行う役割を持つ、チームリーダーを任命します。

4. 情報共有

報連相（報告・連絡・相談）を適時適切に行うことは、チームワークを維持するためには欠かせない基礎動作です。

5. 多様性の尊重

勤務時間のきめ細かな設定やテレワークの導入など、柔軟な働き方の提供が多様性の尊重につながります。

多種多様な感性や能力を受け入れる雰囲気がチーム内にあれば、新たな発想が生まれやすくなり、メンバーの人間力が高まると共に企業の業績向上にもつながるでしょう。

第7課
取引先との交渉

【知识目标】

1. 掌握句型「～につき（まして）／ついて」「～そうだ」「～がましい」「～まま」「～ようだ／～ような」「なかなか～ない」的意义及用法。

2. 掌握工作中与客户间的委托、催促、道歉和致谢场景的固定日语表达。

【能力目标】

能够准确使用固定日语表达与客户进行交涉，促使工作顺利进行。

【素养目标】

了解与客户交涉的礼仪，培养职场交涉的职业素养，进一步提升跨文化交际能力。

ウォーミングアップ

次の場合における礼儀正しい言い方はどれですか。正しいものを選んでください。

1. （社交のあいさつや雑談を終了し、本題に入るときのきっかけの言葉）

   a それでは、始めましょう。

   b 早速ですが…

2. （その場では、判断を下したくないとき、または自分が判断する立場にないことを
   理由にする交渉の言葉）

   a 私の一存では何とも申しかねますが…

   b 私にはちょっと言いにくいですが…

3. （相手の記憶違いや故意による契約違反に対し、礼儀正しく質すときの交渉用語）

   a 私の記憶違いかもしれませんが…

   b 貴方が間違えたのではありませんか。

4. （相手の意見や申し出に反論する場合、ぜひ添えたい一言）

   a ちょっと違う意見を出したいと思いますが…

   b お言葉を返すようですが…

5. （相手のウィークポイントを確認させ、交渉を有利にもっていく切り札的交渉の言葉）

   a 念のためにお尋ねしますが、○○ではなかったでしょうか。

   b もう一度確認したいのですが、○○でしょうか。

6. （相手にプレッシャーをかけ、またはお互いの確認のためにも使用する）

   a ご承知のとおり…

   b ご存じだと思いますが…

7. （資料を見てくれたかを相手に確認する場合に使う言葉）

   a 資料をお読みいただけましたでしょうか。

   b 資料をご覧頂けましたでしょうか。

モデル会話

 依頼する

張暁華：今日はお忙しいところおいでいただき、申し訳ありません。

山田顕：いや、どうも。こちらこそ、先日は申し訳ありませんでした。

張暁華：いいえ。じゃ、どうぞおかけください。

山田顕：はい、失礼します。

- -

張暁華：では、さっそくですが、例の新型車の件につきまして、詳しく聴かせていただきたいと思います。

山田顕：はい。弊社が今回発売するのはこの新型車です。はい、（車の写真を出して）これです。見た目が斬新で格好いいでしょう。

張暁華：そうですね。デザインもシンプルで、色もきれいですね。

山田顕：でしょう？それだけでなく、性能もとても優れているし、第一、値段は旧型とほとんど変わらないんですよ。

張暁華：そうですか。確かに売れそうですね。

山田顕：ええ、それで、弊社のホームページで宣伝していただきたいと思いまして…

張暁華：はい、わかりました。

山田顕：ええと、急いできましたので、新型車の基本資料だけを持ってまいりました。どうぞ。

張暁華：そうですか。

山田顕：詳しいものは整理しているところなのです。今日中にお届けします。すみません。

張暁華：はい、わかりました。

山田顕：では、よろしくお願いします。

（1）文型と表現を覚えましょう

① 名詞＋につき（まして）/ついて

在这里，「～につき（まして）」是「～について」的郑重说法。接在名词后，表示"关于……问题"的意思。可译为"关于……""就……"。

○その件につきましては、後でお返事差し上げます。/关于那件事，过后给您答复。

○事故の原因について究明する。/调查明白事故的原因。

○本部の移転問題につき、審議が行われた。/就本部的迁移问题进行审议。

② ～そうだ

接动词连用形和形容动词、形容词词干，表示说话人根据自己的所见所闻而做出的一种判断，可译为"好像……""似乎……"。

○はじめて作ったチャーハンは見た目が悪く、まずそうです。/第一次做的炒饭，卖相不好，好像不好吃的样子。

○息子は理想の大学に合格して、毎日嬉しそうです。/儿子考上了理想的大学，好像每天都很高兴。

○毎日残業して、忙しそうですね。/每天都加班，好像很忙。

（2）役に立つ表現を覚えましょう

① 山本様、お忙しいところ、申し訳ありませんでした。/山本先生，您这么忙（还来），真抱歉。

② 本日は長々とお時間を頂戴して、申し訳ありませんでした。/今天占用了您这么长时间，实在很抱歉。

③ この件につきましては少々お時間を頂戴してもよろしいでしょうか。/关于这个问题，能不能稍微占用您一点儿时间啊？

④ この案でお願いできればと思いますが、いかがでしょうか。/我想按照这个方案进行，您看如何？

⑤ では、ここにサインをお願いできますか。/那么，请您在这里签个名。

⑥ できれば、○○日までにご返事をお願いしたいのですが。/请您尽量在○○日前
给我回信。

⑦ できれば一両日中にご返事をお願いしたいのですが。/请您尽量在一两天内给我
回复。

（3）ポイント解釈

◆ビジネス会話はまず、「今日はお忙しいところ、申し訳ありません。」や、「先日は
どうもありがとうございました。」など、お礼のあいさつから始めよう。

◆本題に入る前に、「では、さっそくですが、例の○○の件につきまして…」を付け加
えたほうがいいだろう。

◆相手に依頼する場合は、「できれば、～お願いできますか。」や、「よろしければ、
～ていただきたいのですが。」などのように、丁寧な言い方で頼んだほうがより効果
的であろう。

催促する

張暁華：あのう、催促（さいそく）がましくて誠に恐縮（きょうしゅく）なのですが、例の宣伝用新型車の資料の件、

　　　　確か、今日中にお届けいただけるとのことだったと思いますが…

山田顕：あっ、ご連絡が遅れて、申し訳ございません。

張暁華：いえいえ。あのう、それで、どのようになりましたでしょうか。

山田顕：それが、まだ整理中でございまして…

張暁華：そうですか。それで、目途（めど）としてはいつごろになりますでしょうか。

山田顕：もう1日お待ちいただけませんか。明日ならできあがると思いますが…

張暁華：そうですか。

山田顕：はい。明日は必ず午後3時までにお届けします。

張暁華：はい、わかりました。お待ちしております。

山田顕：はい、ごめいわくをおかけして、誠に申し訳ありません。

張暁華：では、よろしくお願いいたします。

解　説

(1) 文型と表現を覚えましょう

　～がましい

　接尾词，接在名词、副词或动词连用形的后面，表示有某种倾向，呈现出某种样子的意思。可译为"近似……""类似……"。

　○遅刻して、どんな理由を言っても、それは言れ訳がましく聞こえるものです。/
　　迟到不管说什么理由，听起来都好像是借口。

　○あれをしろ、これをやめろと押し付けがましいことを言わないでほしい。/拜托
　　你别老是强迫人家做那个，不做这个。

　○大変痴（おこ）がましい言い方になりますが…/非常狂妄的说法。

(2) 役に立つ表現を覚えましょう

① 催促がましくて、誠に申し訳ないのですが。/催促您真不好意思。

② 大変申し上げにくいことなのですが…/实在是很难开口……

③ 先日お願いしました○○の件ですが、どうなっておりますでしょうか。/前几天拝托您的○○事，怎么样了啊？

④ ○○の件、確か今週中にお返事いただけるとのことだったと思いますが…/关于○○的事，我记得您确实说过本周内给我答复的……

⑤ ○○日がご入金いただくお約束の日だったと思いますが、何か手違いでもございましたでしょうか。/我记得咱们约好了○○天打款的，是不是出了什么问题啊？

(3) ポイント解釈

◆ 相手を催促するプロセスを見よう。

①謝る→②催促内容→③相手の理由をまじめに聞く→④改めて期日をはっきりする

例：①大変申し上げにくいことなのですが、

↓

②例の○○どのようになりましたか、

↓

③（相手が理由を言う）ああ、そうなんですか。

↓

④目途としてはいつごろになるでしょうか

◆いくら催促と言っても、ビジネスの基本マナーを守らなければならない。だから、最後に「お待ちしております」「よろしくお願いいたします」などを付け加える。

3　謝る

張暁華：誠に恐れ入りますが、例の新型車宣伝用の資料の件、まだ届いていないので…

山田顕：えっ？おかしいですね。誠に申し訳ございません。早速、調べます。

張暁華：じゃ、なるべく早くお願いします。

山田顕：はい、情況がわかったら、すぐにご連絡いたします。

（5分後）

張暁華：もしもし、山田さん。申し訳ありません、新型車の資料は2時過ぎにもうこちらに届いていました。

山田顕：ああ、そうですか。よかったですね。

張暁華：ええ。御社（おんしゃ）の山下さんがそれをうちの部の佐藤にお渡しいただきましたが、彼女は預かったまま忘れていたようです。

山田顕：はあ、そういうことですか。

張暁華：ご迷惑をおかけしまして、誠に申し訳ございませんでした。

山田顕：いいえ。じゃ、これからもよろしくお願いします。

張暁華：はい、こちらこそ、よろしくお願いします。

解　説

(1) 文型と表現を覚えましょう

① ～まま

接动词「た」形、名词＋の、形容词和形容动词的连体形，表示状态的保持，可译为“就那样……”“保持着原样……”。

○どうぞ、靴をはいたままお上がりください。/ 请穿鞋进来吧。

○エアコンをつけたまま寝ると、風邪を引きますよ。/开着空调睡觉会感冒的。

○友達に本を借りたまま、まだ返していません。/跟朋友借了书，还没有还。

② ～ようだ/～ような＋名詞

该句型的口语形式可以说成「～みたいだ」。在表示比喻、例示、推测时，两者可以互换。但需要注意的是两者的接续法不同。另外「～ようだ」还有表示状况变化、目的、已述内容、请求或愿望等用法，而此时不能用「～みたいだ」表达。

○あの美術館は人がたくさん並んでいるし、人気があるようです。/那个美术馆排了好多人，好像很受欢迎。

○王さんは入学試験に合格したようです。/小王好像通过入学考试了。

○その陶器は古いもので、かなり値段も張るようだった（みたいだった）。/那个陶器是古董，好像还很值钱。

(2) 役に立つ表現を覚えましょう

① 誠に恐縮なのですが。（誠に申し訳ございませんが。）/实在抱歉。

② たいへんお待たせいたしました。/让您久等了。

③ 納期を延ばさせていただきまして、申し訳ありませんでした。/麻烦您把交货日期延后，真不好意思。

④ 納期を間違えてしまいまして、誠に申し訳ございませんでした。/我搞错了交货日期，真对不起。

⑤ いろいろお手数をおかけしまして、申し訳ありませんでした。/给您添了很多麻烦，真对不起。

(3) ポイント解釈

◆こちらのミスで不愉快な思いをさせた場合は、「誠に申し訳ございません」など、心から謝ったほうが相手の理解を得られるだろう。

◆それから、「御社の山下さんがそれをうちの部の佐藤にお渡しいただきましたが、彼女は預かったまま忘れていたみたいです。」のように、事実や実情を詳しく相手に打ち明けてください。そうすれば、相手も納得してくれるだろう。

◆最後に、「ご迷惑をおかけしまして、誠に申し訳ございませんでした。」を忘れないように心がけよう。

4 お礼を言う

張暁華：その節はたいへんお世話になりました。

山田顕：こちらこそ、いろいろお世話になりました。

張暁華：大至急、新型車の資料を届けていただかなければ、うまく進まなかったと思います。

山田顕：いや、どうも。

張暁華：実は、うちも最近人手不足で、なかなか席を外すことができないのですよ。お届けいただき、本当に助かりました。

山田顕：お役に立てて、よかったです。

張暁華：どうもありがとうございました。これからもよろしくお願いします。（手土産のお菓子を出して）これ、ほんの気持ちなので、どうぞお受け取りください。

山田顕：ありがとうございます。それでは、遠慮なく、いただきます。

張暁華：はい、どうぞ。

解　説

（1）文型と表現を覚えましょう

なかなか～ない

接否定表达，表示轻易不能。可译为"怎么也（不）……""（不）容易……"。

○何度も書いて練習しているんでが、なかなか覚えられません。/写了好多遍来练习，但怎么也记不住。

○あんなに腹のすわった人はなかなかいません。/像那么有决心的人很少见。

○この問題は難しくて、なかなかできません。/这个问题很难，怎么也答不上来。

(2) 役に立つ表現を覚えましょう

① この前、ごちそうさまでした。/前两天，承蒙您的款待了。

② 今日は、お忙しいところをありがとうございます。/非常感谢今天您在百忙之中的到来。

③ 今日は、遠いところをありがとうございます。/非常感谢您今天从大老远的地方赶来。

④ お休みのところ、ありがとうございます。/假期您还特意跑一趟，真是太感谢了。

⑤ 本当に助かりました。/真是帮了大忙了！

⑥ いい勉強になりました。/我真是受益匪浅啊！

(3) ポイント解釈

◆人にお礼を言うとき、必ず「その節は、どうもありがとうございました」、「先日は、どうもありがとうございました」などのように感謝の言葉をいうのが、社会人としての常識であろう。ただし、「実は、うちは最近人手不足で、簡単に席を外すことができないのです。届けていただき、本当に助かりました」のように、具体的な理由を述べないと、物足りないだろう。

◆そして、もし感謝のお礼として手土産でも送ってあげれば、相手はもっと喜んでくれるだろう。「これはほんの気持ちです。どうぞお受け取りください」などの一言を付け加えたほうがいいだろう。

◆もちろん、微笑みを忘れないように。

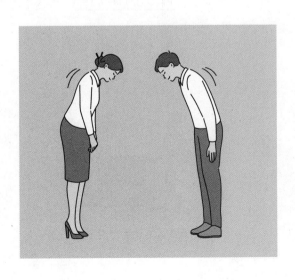

三 　　　楽しく話しましょう

次は取引先と交渉したときによくある質問です。ちょっと考えて、話してみてください。

1. さっそくですが、例の新製品につきまして、ご意見を聞かせていただきたいと思いますが。

2. このデザインはいかがですか。

3. 色は赤でよろしいでしょうか。

4. 催促がましくて誠に恐縮なのですが、目途としてはいつごろになるでしょうか。

5. 誠に恐れ入りますが、例の資料がまだ届いていないので…

6. 新型車の資料は、30日までに届けていただけませんか。

7. 荷物は確か今日中にお届けいただけるとのことだったと思いますが…、なにかございましたか。

8. お忙しいところをありがとうございました。で、今日は車でいらっしゃったのですか。

9. すぐ道がおわかりになりましたか。うちは道がわかりにくいといつも言われますから。

四 　　　練習問題

1. 言い換えて話しましょう。

（1）例：A：じゃ、さっそくですが、<u>例の新型車の件</u>につきまして、詳しく聴かせていただきたいと思います。

　　　　　B：はい。

①両社合併の件

②新しい商品の発売

③屋外広告の件

(2) 例：A：あのう、催促がましくて誠に恐縮なのですが、例の新型車宣伝用の資料
の件、確か<u>今日中に</u>お届けいただけるとのことだったと思いますが…

　　　　B：あっ、連絡が遅れまして、申し訳ございません。

　　①25日までに　　　　　②火曜日までに　　　　　③午後4時前に

(3) 例：A：申し訳ございません。<u>うちの部の佐藤にお渡しいただきましたが</u>…

　　　　B：はあ、そういうことですか。

　　　　A：ご迷惑をおかけしまして、誠に申し訳ございませんでした。

　①資料を間違う　　　　②参考用写真を忘れる　　　③今サンプルをお届けする

(4) 例：A：実は、<u>うちも最近人手不足で、なかなか席を外すことができない</u>のです
よ。届けていただき、本当に助かりました。

　　　　B：お役に立ちそうで、よかったです。

　　　　　①今、出張で大阪に向かっている

②うちは人手が足りないままの状態　　③今、そちらにとりに行こうとしている

2. 録音の会話を聞いて、話しましょう。

(1) A：…弊社が今回発売するのはこの新型車なのです。

　　 B：①＿＿＿＿＿＿＿＿＿＿＿＿。

　　 A：ええ、それで、弊社のホームページで宣伝していただきたいと思いまして…

　　 B：②＿＿＿＿＿＿＿＿＿＿＿＿。

　　 A：ええ、もちろんです。今日中にお届けします。

　　 B：③＿＿＿＿＿＿＿＿＿＿＿＿。

(2) A：あのう、①＿＿＿＿＿＿＿＿＿＿＿、例の件、②＿＿＿＿＿＿＿＿＿＿だったと思います
　　　　が…

　　 B：あっ、ご連絡が遅れて、申し訳ございません。

　　 A：いいえ。あのう、③＿＿＿＿＿＿＿＿＿＿＿。

　　 B：それが、まだ整理中でございまして…

　　 A：④＿＿＿＿＿＿＿＿＿＿＿。

　　 B：もう少しお待ちいただけませんか。明日は必ずお届けします。

　　 A：⑤＿＿＿＿＿＿＿＿＿＿＿。

(3) A：①＿＿＿＿＿＿＿＿＿＿＿、新型車の資料は②＿＿＿＿＿＿＿＿＿＿もうこちらに届い
　　　　ているんですよ。

　　 B：ああ、そうですか。よかったですね。

　　 A：ええ。③＿＿＿＿＿＿＿＿＿＿、彼女は預かったまま忘れていたみたいです。

　　 B：はあ、そういうことですか。

　　 A：④＿＿＿＿＿＿＿＿＿＿＿。

　　 B：いいえ。じゃ、これからはよろしくお願いします。

(4) A：① ＿＿＿＿＿＿＿＿＿＿＿。

　　B：こちらこそ、いろいろお世話になりました。

　　A：大至急、② ＿＿＿＿＿＿＿＿＿＿、うまく進んだはずはなかったですよ。

　　B：いや、どうも。

　　A：実は、③ ＿＿＿＿＿＿＿＿＿＿、なかなか席を外せないのですよ。送ってきてい

　　　　ただき、④ ＿＿＿＿＿＿＿＿＿＿。

　　B：お役に立てて、よかったです。

　　A：⑤ ＿＿＿＿＿＿＿＿＿＿ので、どうぞお受け取りください。

　　B：ありがとうございます。

3. 次の状況に基づいて、会話を作ってみてください。

A：X社営業課の井上勝	B：Y社営業課課長の藤村敬三
①一つ頼みたいことがあると話を切り出してください。	②何かと聞いてください。
③今回当社が中心となって、3月に新型製品の見本市を開催することになったと答えてください。	④あいづちを打ってください。
⑤それで、できましたら御社も出品してもらいたいと丁寧に頼んでください。	⑥あいづちを打ってから、考えておくと答えてください。
⑦創立40周年を記念した見本市なので、強く依頼してください。	⑧了解して、説明会に伺うことにしようと答えてください。
⑨お礼を言ってください。	

4. 次の文の（　）にはどんな言葉を入れたらよいか。最も適当なものを一つ選んでください。

(1) 先月引っ越したので、近くに（　　　）ときは、ぜひお立ち寄りください。

　　①うかがった　　②まいった　　③おこしになった　　④おじゃました

(2) もしもし、こちらは山田商事（　　　）。

　　①でした　　②であります　　③でございます　　④ございます

(3) 社長は今電話に出て（　　　　　）ので、しばらくお待ちください。

　　①おります　　　　②いたします　　　③なさいます　　　④さしあげます

(4) ごぶさたしておりますが、先生にはお変わりなくお過ごしのこと（　　　）。

　　①と存じます　　　　　　　　　②と申しあげます

　　③でございます　　　　　　　　④でいらっしゃいます

(5) 　客：先日、電話で予約した前田ですが。

　　店員：ああ、前田様ですね。（　　　　　）。

　　①すみませんが、ご予約をおうけたまわりになってください

　　②ご予約、おうけたまわりくださって、ありがとうございます

　　③すみませんが、ご予約をうけたまわってください

　　④ご予約、うけたまわっております

五　豆知識

仕事を効率化するスケジュール管理

　仕事におけるスケジュール管理は、社会人なら必須ともいえるスキルです。仕事ができるといわれている人の多くが、タスクや時間の管理を習慣化しており、スケジュールの立て方が上手です。

◆スケジュール管理の方法

1. 手帳

　メモ代わりにも使える仕事用のスケジュール手帳は、一冊持っておくと安心です。すぐに確認できるため、特に週間・月間単位のスケジュール管理におすすめです。

2. アプリ

　スマートフォンやタブレットで、場所を選ばずに確認・編集できるスケジュール管理用のアプリもおすすめです。ビジネス向けのアプリだけではなく、プライベート向けも含めてさまざまなカレンダーアプリがあるため、目的に合った使いやすいものを選びましょう。

◆スケジュール管理のポイントはタスク整理

ポイント1　タスク整理の方法

まずはタスクをすべて書き出してジャンル分けをしていきましょう。そこから期日や内容に応じて、優先順位をつけていきます。優先順位が決定したら、あとは1日ごとのやるべきことをリスト化すればOKです。

ポイント2　期日と内容を明確にする

タスク管理をうまく行うためには、自分がやるべきことを明確にすること、そして明確な期日を決めることが大切です。また、タスクの緊急度や具体的なスケジュールについてヒアリングし、明確な締め切りを設けるようにしましょう。

ポイント3　習慣化すべきこと

タスク管理に慣れていない場合は、次のようなことを習慣付けるといいでしょう。

・今すぐできることはすぐにやる

・忘れる前にメモをとる

・期日を必ず確認する

第8課
訪問者との会談

【知识目标】
1. 掌握句型「お（ご）～くださる」「～ほうがいい」「～うえで」「～を通じて」「～としては」「～恐れがある」的意义及用法。
2. 掌握会议中提案、交涉的日语表达。

【能力目标】
能够在会议上用日语准确地表达自己的提案，并能很好地与客户交涉，了解客户意图，最终达成合作意向。

【素养目标】
了解工作态度的重要性，培养爱岗敬业的职业素养。

ウォーミングアップ

aとbとどちらの敬語が適切ですか。一つ選んでください。

1. a こちら、私が作ったのですが、どうぞいただいてください。

   b こちら、私が作りましたのですが、どうぞお召し上がりください。

2. a 先ほど、部長がおっしゃった件ですが…

   b 先ほど、部長がおっしゃられた件ですが…

3. a 高橋先生のことは、私もよくご存知です。

   b 高橋先生のことは、私もよく存じ上げています。

4. a 部長、田中様が参りました。

   b 部長、田中様がおいでになりました。

5. a お食事はどういたされますか。

   b お食事どうなさいますか。

6. a 来月の出張、私に行かしていただけませんか。

   b 来月の出張、私に行かせていただけませんか。

7. a 私は今年、○○大学を卒業いたしました。

   b 私は今年、○○大学ご卒業しました。

8. a このパンフレットは、もうお見になりましたか。

   b このパンフレットは、もうご覧になられましたか。

9. a 会議には、部長もご出席なさいますか。

   b 会議には、部長もご出席いただけますか。

10. a 母にもそのように申し上げておきます。

    b 母にもそのように申し伝えます。

モデル会話

 会議前の準備

張暁華：あの、ちょっとよろしいでしょうか。

渡辺一郎：あっ、張さん、何か。

張暁華：これは、明日の会議のための資料なのですが、ご確認くださいませんか。

渡辺一郎：どれどれ。うん、計画書(けいかくしょ)、効果図(こうかず)、えーと、予算案(よさんあん)、全部そろっているね。

張暁華：ええ。それから、記録者(きろくしゃ)は佐藤さんに任せます。会議は明日会議室で10時に始まる予定です。あのう、資料を全部で10部コピーすれば、よろしいでしょうか。

渡辺一郎：うん、いいよ。もう、山田(やまだ)さんに伝えたね。

張暁華：はい、しました。これから、もう一度、山田さんに確認しておきます。あとは会議室の準備をするだけです。

渡辺一郎：うん、わかった。張さんは、はじめて、会議を担当するので、検討する内容を繰り返してチェックしてね。ポイントのところに目印をつけたほうがいいよ。

張暁華：はい。わかりました。ありがとうございます。

渡辺一郎：それじゃ、会議の準備をよろしくお願いしますね。頑張ってね。

張暁華：はい、頑張ります。

（1）文型と表現を覚えましょう

①お（ご）＋動詞連用形・サ変動詞語幹＋くださる

是一种尊他的表达方式，与「～てくださる」相同，但比其更显敬重。可译为"为我（们）做……"。以「ませんか」结尾时，表达请求。

○今日ご講演くださる先生は、北京大学の劉先生です。/今天为我们做演讲的是北京大学的刘老师。

○お忙しいのに、おいでくださって、本当にありがとうございます。/百忙之中您能来，真是十分感谢。

○ついでに、この書類も部長にお送りくださいませんか。/能否顺便请您把这份材料也送给部长？

②～ほうがいい

接在动词后，表示劝告，可译为"最好是……""还是……为好"。无论是接动词原形还是「た」形都没有大的区别，但是对听话人进行较为强烈的劝说时多用「た」形。

○若いうちに、もっと勉強したほうがいいですよ。/趁着年轻，最好多学习。

○習ったことは、その日のうちに復習したほうがいいです。/学过的东西，最好当天复习。

○過ちを犯したら、素直に謝ったほうがいいです。/如果犯了错，最好坦率地道歉。

（2）役に立つ表現を覚えましょう

①会議は延長したりしませんか。/会议要不要延长啊？

②会議の資料はプリントにしたほうがいいですか。それとも、PPTにしたほうがいいですか。/资料是打印出来呢，还是用PPT的形式呢？

③来週の会議の時間ですが、午後3時から4時に変更したいとお伝えいただけませんか。/能不能转告大家一下，下周会议的时间由下午3点改为4点。

④例会は全員参加するんですか。/例会所有的人都参加吗？

⑤ 1時から会議が始まるのですが、その前に会場の準備をお願いしてもよろしいでしょうか。/会议1点开始，你能不能在这之前去准备一下会场呢？

⑥ 会議でノートパソコンが1台必要だそうです。/据说会议上需要一台笔记本电脑。

⑦ もしよろしければ、会議の内容について教えていただけませんでしょうか。/如果可以的话，能不能告诉我会议相关的内容。

(3) ポイント解釈

◆会議の目的を理解・把握(はあく)したうえで、発言用資料を揃える。発言をする際にPCなどで、PPTなどを使用すると説得力(せっとくりょく)が増す。出席者に「事前に教えておいてくれたら、もっといいアイデアを出せたのに」と言い訳をさせないために資料を配るケースもあるが、その場合も、目的と議題(ぎだい)を2〜3枚にまとめる程度でよく、情報量を絞り込んだほうが、資料作成の負担を減らせるだけでなく、出席者も目を通しやすい。

◆会議の前に、もう一度、出席者に会議の場所、時間を確認しておいたらいい。そして、発表者としては、ミスプリントや間違いなどを避けるように、発表する内容を繰り返してチェックしたほうがいい。

提案する

（会議中）

張暁華：さて、今回のプログラムが中国の市場向け販促車^{はんそくしゃ}のページ広告ですので、デザインのポイントは新型車の特徴におくはずだと思います。それで、3D技術を使って、この部分を作成するつもりです。これは効果図です。どうぞ、ごらんください。

山田顕：すばらしいアイデアですね。

渡辺一郎：はい、おっしゃったとおりです。これはわが社の最新技術です。張さん、どうぞ。

張暁華：はい。また、消費者^{しょうひしゃ}の年齢と需要^{じゅよう}動向も考慮^{こうりょ}したうえで、異なったキャンペーン・ページをいくつかデザインする予定です。できるだけ各年齢層の好みに合わせ、御社の車の特徴を具体的に表現するようにします。

山田顕：うーん。確かにいいアイデアですね。でも、消費者の需要って、キャンペーン・ページを通じて、どうすれば、もっと詳しく理解できるでしょうか。

張暁華：そうですね。それはちょっと…

佐藤恵子：あのう、ちょっとすみません。私見ですが、キャンペーン・ページにブログを設計したら、いかがでしょうか。御社はそれを通じて、消費者との交流もできるし、もっとたくさんの人にも注目されるはずだと思います。

山田顕：いいですね。そうしましょう。

解 説

(1) 文型と表現を覚えましょう

① 動詞た形＋うえで

表示先做前面动词所表示的动作的意思，后续部分表示根据其结果再做下一动作的意思。可译为"……之后""……结果"。

○どの大学を受験するか、両親と相談したうえで、決めます。/到底报考哪个学校，还是和父母商量之后再决定吧。

○詳しいことはお目にかかったうえで、説明させていただきます。/具体情况，见面之后再做详细说明。

○よく読んだうえで、記入してください。/请在充分阅读之后填写。

② ～を通じて

表示某行为或信息传达的手段、媒介。即根据前项的手段、媒介等去完成后项的事情。

○インターネットを通じて、様々な情報が得られる。/通过网络，能够获得各种各样的信息。

○不断の努力を通じて、海外の技術の独占を打破した。/通过不断的努力，打破了国外的技术独占。

○学校に設立された科学技術小院を通じて、農業の生産現場や農家に深く入り込む。/通过在学校建立的科学技术小院，深入农业生产的现场和农户中。

(2) 役に立つ表現を覚えましょう

① では、ご担当の方からご紹介をお願いします。/那么，先请负责人给我们介绍一下。

② 時間の関係で、簡潔に説明しております。/由于时间的关系，我简单说明一下。

③ 部門を単位として、このプログラムを検討し、来週の例会で意見をお願いします。/以部门为单位，考虑一下这个项目，下周例会时请各位拿出意见。

④ このプログラムを実行するには、いろいろな問題があると思います。/我想这个

项目的实行，还有各种各样的问题。

⑤ 一つのプログラムを成功させるために、各部門の人たちが協力しなければならないと感じました。/我觉得想要使一个项目成功，需要各部门的人员精诚合作。

⑥ 後でコストと価格に関して、相談したいのですが…/之后我想就成本和价格的问题和您谈一下。

(3) ポイント解釈

◆提案するプロセスを見よう。

　①呼びかける→②控え目→③提案する内容

例：①あの、ちょっといいですか。

　　②ただ、私なりの考えですが…

　　③優先席を設置したらいいと思います。

◆自分の意見を提案する場合、先に意見を述べてから、根拠を述べる場合と、先に根拠を述べてから結論として意見を述べる場合がある。

例：①定期的にパスワードの変更を促したほうがいいと思います。なぜかというと、このシステムでは一部、個人情報を扱っているからです。

　　②田中さんは来月から出張とおっしゃっていたので、メールを差し上げるなら急いだほうがいいと思います。

◆提案するとき、「～ばいい/～たらいい」あるいは「～ほうがいい」「～いいじゃないか」という文型が多く使われる。

3　交渉する

渡辺一郎：山田さん、昨日の提案について、御社のご意見を伺いたいのですが…

山田顕：3Dの技術で新型車の特徴を宣伝するのはとてもいいと思います。

渡辺一郎：予算案もご覧になりましたね。それで、いかがでしょうか。

山田顕：そうですね。ちょっと…

渡辺一郎：3Dの作成は大変な人力と時間がかかるし、テストもプロ技術者に頼むので、この価格はもう限界になります。

山田顕：はい、わかりました。

渡辺一郎：それから、納期についてご検討いただきたいのですが…

山田顕：ああ、納期は七月の上旬なら、大丈夫でしょうか。

渡辺一郎：もうすこし延ばしていただけないでしょうか。今度の件は新しい技術を使いますので。

山田顕：貴社のご都合としては、いつまでがよろしいですか。

渡辺一郎：八月の上旬だったら、ちょっと余裕があると思いますけど。

山田顕：そうですか。八月の上旬ですか。それはちょっとね。販促車の出荷に間に合わない恐れがありますので、何とか七月の下旬までに、できませんか。

渡辺一郎：はい、承知しました。頑張ります。契約書は明日の午前中に用意しておきます。

山田顕：はい、お願いします。楽しみにしています。

（1）文型と表現を覚えましょう

①名詞＋としては

当前面是表示人物或组织的名词时，后面的「は」通常不可省略。表示"从其立场、观点来说（来想）"之意，可译为"作为……"。「～としましては」「～といたしましては」是自谦语表达。

〇親としては、子供に夢を持ってもらいたいです。/作为父母，希望孩子能有梦想。

〇蘇炳添はアジア人としてははじめて、100ｍを９秒８台で走り抜けた。/苏炳添作为亚洲人，是第一个用９秒８跑完100米的。

〇値段を気にしてスマートフォンを買うお客さんが多いですが、我々スタッフとしては値段よりも画素数を重視したほうがいいと思っています。/虽然很多客人在买智能手机的时候很注重价格，但是作为我们工作人员，比起价格，还是重视像素数比较好。

②名詞の・動詞連体形＋恐れがある

表示有发生某种事情的可能性，但只限于表示不好的事件。可译为"恐怕……""担心……""有……危险"。

〇この鳥は絶滅の恐れがあると言われている鳥です。/这种鸟有灭绝的危险。

〇この工事は環境を破壊する恐れがあるので、やめたほうがいいです。/这项工程有破坏环境的危险，最好不要做。

〇早く問題を解決しないと、手遅れになる恐れがあります。/如果不早点解决问题，恐怕会耽误。

（2）役に立つ表現を覚えましょう

①これは注文書です。どうぞご覧ください。/这是订单。请过目。

②貴社に委託加工のご協力をお願いしたいと思います。/我们想拜托贵公司委托加工。

③今度の商談では、商品の値段の関係で成約できませんでした。ほんとうに申し

訳ございません。/这次的商谈因为价格的原因没有成交，真是很抱歉。

④ 今後のご協力を楽しみにしています。/期待着我们今后的合作。

⑤ 原料加工ですか、それとも、提供見本加工ですか。/是原材料加工呢，还是提供样品加工呢?

⑥ 早急に納期を出していただきたいんですが。/能不能早点确定交货日期呢?

⑦ 10日までに仕上げていただくことは可能でしょうか。/可以在10号之前完成订单吗?

(3) ポイント解釈

◆取引先に対して、依頼するとき使用する言葉に注意してください。社内で、いつも何かを納得するとき、「はい、わかりました。」と言うが、取引先に対しては、「はい、承知いたしました。」を使ったほうがいい。

◆日本の企業と取引を開始する場合、確実な契約が必要となる。まず、契約書を作成して、取引条件の詳細や債権、債務関係を明確にしておこう。契約は、相手会社の契約担当が契約書に代表者の記名や捺印を行っている。

楽しく話しましょう ■■■■ ●·········

次の質問をちょっと考えて、答えてみてください。

1. 会議の前に、何を準備しますか。

2. もし会議の時間を変更したら、どのように課長に伝えますか。

3. 明日午前9時から、チームの会議がありますが、今晩体の調子が悪いです。課長に どのように言って、休暇をとりますか。

4. 会議の時、お客さんを紹介する文を五つ考えてください。

5. あなたは会議の担当者、会議が終わる時、どんな言葉でまとめますか。

 練習問題 ■■■■ ●·········

1. 言い換えて話しましょう。

（1）例：A：会議は、明日、会議室で<u>10時</u>に始まる予定です。あのう、資料を全部で 10部コピーすれば、よろしいでしょうか。

B：はい、いいよ。そして、<u>田中さん</u>に伝えといてね。

A：はい、わかりました。お伝えします。

①午後2時・劉さん　　②午前8時・李さん　　③午後5時・田中さん

（2）例：A：あのう、ちょっとすみません。<u>私見</u>ですが、<u>キャンペーン・ページにブ ログを設計し</u>たら、いかがでしょうか。もっとたくさんの人にも注目さ れるはずだと思いますから。

B：いいですね。そうしましょう。

①私なりの考え・
テレビを通じて、宣伝する

②ただ私見だけ・
アウトドアメディアを開く

③愚見（ぐけん）・バス停広告を
通じて、宣伝する

(3)　例：A：ああ、納期（のうき）は七月の上旬ですけど、それは大丈夫でしょうか。

　　　　B：もうすこし延ばしていただけないでしょうか。八月の上旬だったら、ちょっと余裕（よゆう）があると思います。

　　　　A：そうですか。八月の上旬ですか。何とか、七月の下旬までにできませんか。

　　　　B：はい、承知（しょうち）しました。頑張ります。

①三月上旬・四月上旬・三月下旬

②十月十日・十月の下旬・十月の中旬

③五月の中旬・六月の上旬・五月の下旬

2. 録音の会話を聞いて、話しましょう。

(1) A：田中君、うちの課を代表して、会議で今回のプログラムを紹介してもらいたいけど。

B：はい、すぐ資料を準備しておきます。①＿＿＿＿＿＿＿＿。

A：グラフとかあるので、説明しやすいようにPPTでお願いできるかな。

B：わかりました。議事録は②＿＿＿＿＿＿＿＿。

A：じゃ、木村君にお願いしよう。

B：資料は、③＿＿＿＿＿＿＿＿。

A：うん、15部で十分だと思う。

B：はい、④＿＿＿＿＿＿＿＿。

(2) A：今回のプログラムが①＿＿＿＿＿＿＿＿ので、②＿＿＿＿＿＿＿＿。

B：すばらしいアイデアですね。

A：また、③＿＿＿＿＿＿＿＿たうえで、④＿＿＿＿＿＿＿＿。

B：消費者の需要って、キャンペーン・ページを通じて、どうすれば、もっと詳しく理解できますでしょうか。

A：そうですね。それはちょっと…

C：あのう、⑤＿＿＿＿＿＿＿＿。

B：いいですね。そうしましょう。

(3) A：秋田さん、①＿＿＿＿＿＿＿＿について、②＿＿＿＿＿＿＿＿。

B：3Dの技術で宣伝するのはとてもいいと思います。

A：予算案も③＿＿＿＿＿＿＿＿。

B：そうですね。ちょっと…

A：④＿＿＿＿＿＿＿＿し、⑤＿＿＿＿＿＿＿＿。

B：はい、わかりました。

A：それから、⑥＿＿＿＿＿＿＿＿。

B：納期は3月上旬なら、大丈夫でしょうか。

A：⑦＿＿＿＿＿＿＿＿。

B：貴社のご都合としては、いつまでがよろしいですか。

A：⑧＿＿＿＿＿＿＿＿。

3．次の状況に基づいて、会話を作ってみてください。

A：X社の吉川部長	B：Y社の渡辺部長
①今作っているWEBシステムの中国版をY社にお願いしたいと言ってください。	②お礼を言って、具合的な要求を尋ねてください。
③中国人が好むデザインで、他の有力サイトとの差別化をしてもらいたいと言ってください。	④納得して、コストについて、尋ねてください。
⑤できるだけ、2万元以内にしてもらいたいと言ってください。	⑥納得して、後で、社員と打ち合わせして、予算案を提出すると言ってください。
⑦お礼を言ってください。	⑧あいづちをしてください。

4．次の敬語表現を判断して、正しくないところを直してください。

(1)　（　　）（来客に）田中課長はまだいらっしゃってないんですが。

(2)　（　　）お住まいは東京でいらっしゃいますか。

(3)　（　　）うちにはネコが2匹おります。

(4)　（　　）小中さんはおられますか。

(5)　（　　）山田さまでございますか。

豆知識

勤務態度が良いと思われる行動

　勤務態度とはその字のとおり、仕事中の働きぶりや態度を意味する言葉です。具体的にどうしたら上司に勤務態度が良いと評価してもらえるのでしょうか。

1. 遅刻や欠勤をしない

　まずは遅刻や欠勤をしないことが大前提となります。遅刻や欠勤をすると、それがたった一度であっても、厳しい上司にはネガティブなイメージを持たれかねません。

2. 仕事の締め切りを守る

　どんなに忙しくても、任された仕事は締め切りを厳守（げんしゅ）するということも、勤務態度が良いと思われるために必須（ひっす）です。

3. 遅れる場合は事前に連絡をする

　締め切りや約束の時間に間に合わない場合には、必ず事前に連絡をし、遅れる理由を説明して誠意をもって謝罪をしましょう。

4. 聞かれたことにはしっかり答える

　質問の要点を理解した上で、要領をおさえて端的かつ明瞭に説明を行うのがポイントです。最初に結論を述べ、その後にその結論に至った理由を説明すれば、聞かれたことにわかりやすく答えることができます。

5. 言われたことはきちんとする

　指示されたことや一度教えてもらったことは忘れないように逐一メモをしておき、きちんとこなせるようにするのが大切です。

6. 上司から教えを乞う（こ）

　質問力を養い（やしな）、上司に教えてもらいやすいように質問をすることは大切です。

7. 熱心に仕事をする

　職場で一番に出社し、始業時間から就業時間まで常に緊張感をもち、だらけることなく真面目に仕事に取り組みましょう。

8. 同僚を大切にする

　チームで仕事をする際には同僚との意思疎通（いしそつう）が欠かせません。同じ職場の仲間を大切

にすることが必要です。

9. 疲れた様子や居眠りなどをしない

　疲れている時には眠気覚ましグッズを使ったり、休憩時間に軽く体操をするなどして
上手くリフレッシュし、真面目な態度で仕事に臨むことが必要です。

10. 反抗的な態度をしない

　反抗的な態度を取るのは上司にとても悪い印象を与えてしまうので、自分が損をして
しまいます。

11. 正しい言葉遣い

　職場では、きちんとした丁寧語・敬語を使うようにしましょう。

12. ほうれんそうをしっかりする

　「ほうれんそう」は社会人として必須のマナーです。自分で勝手に判断せずに、些細
なことであっても必ず上司に「ほうれんそう」をするようにしましょう。

第9課
打ち合わせ

【知识目标】
　　1.掌握句型「～ごとに」「～から見れば」「～なり」「～中」的意义及用法。
　　2.掌握提出个人建议、观点的表达方法以及提出反对意见的表达方法。

【能力目标】
　　能够用日语准确地表达自己的建议和观点，并掌握提出反对意见的表达技巧。

【素养目标】
　　培养尊重他人、注重团队合作的职业素养。

ウォーミングアップ

次の三つの言い方の中で、敬語が適当ではないものを選んでください。

1. ①滑りやすいので、足元に注意してください。

　②滑りやすいので、足元にご注意してください。

　③滑りやすいので、足元にご注意ください。

2. ①この本、もう読まれましたか。

　②この本、もうお読みになりましたか。

　③この本、もうお読みになられましたか。

3. ①この会議室は、どなたでもお使いできます。

　②この会議室は、どなたでもお使いいただけます。

　③この会議室は、どなたでもお使いになれます。

4. ①当日は、こちらの資料をお持ちください。

　②当日は、こちらの資料を持参ください。

　③当日は、こちらの資料をご持参なさってください。

5. ①早急にお届けしていただけますか。

　②早急にお届けいただけますか。

　③早急にお届けくださいますか。

6. ①来月の研修、参加なさいますか。

　②来月の研修、ご参加になりますか。

　③来月の研修、ご参加されますか。

モデル会話　

 意見交換

渡辺一郎：変更の必要な箇所について、また、意見はありませんか。

松本正雄：3Dの映像についてですが、新型車の特徴ごとに短い映像を作成するのはよろしいでしょうか。

張暁華：このアイデアがいいですね。しかし、このようにすれば、私たちが担当しているウェブ作成はもっと時間がかかるようです。

渡辺一郎：張さん、もしこのようにしたら、担当している部分の工数はどのぐらい増加しますか。

張暁華：そうですね。ウェブのテストの項目も増やさなければなりませんし、少なくとも、3日延長すれば、完成できると思います。

渡辺一郎：それでは、納期に間に合わないようですね。

佐藤恵子：もうすこし短い映像で作成したら、わがチームで一人ごとに各部分が担当できます。だから、わがチームの任務が2日間ぐらい短縮できます。そうしたら、コストも節約できます。

渡辺一郎：そうですか。それはいいですね。

張暁華：そうですね。佐藤さん、助かりますよ。

（1）文型と表現を覚えましょう

　　名詞・動詞の基本形＋ごとに

　　表示"完整出現的事情的每一次""在所有完整事情的每一次"的意思。可译为"每……"。

○人は失敗するごとに成長していくものです。/人是随着失败而成长的。

○オリンピックは4年ごとに開催される。/奥运会每四年举行一次。

○中国では5年ごとに経済・社会発展計画が制定される。/中国每五年制定一次经济和社会发展计划。

(2) 役に立つ表現を覚えましょう

① 皆さん、先程の資料には目を通されましたか。/刚才发的资料大家都看到了吧?

② もし変更するとしたら、どのぐらい工数がかかりそうですか。/如果变更的话，需要花费多长时间的工期?

③ 王さんが対応するとしたら、どのぐらいかかりますか。/如果小王来做，大约需要多长时间?

④ あのう、一つお聞きしたいんですが…/对不起，有一事想请教……

⑤ では、今日の話し合いの内容をまとめて、今日中にお客さんに打診してみます。/那么，我把刚才讨论的内容归纳一下，今天之内征询客户的意见。

⑥ 結果が分かり次第、みなさんにお伝えします。/只要有结果，马上向大家传达。

(3) ポイント解釈

◆他人の意見を聞く時、発言者に顔を向けて聞いたほうがいい。そして、話の内容の整理・記憶のために、メモを取ったらいい。うなずくことは「賛同」だけではなく「わかりますよ」の合図になる。

◆質問するとき、できるだけ1回の発言につき1つとする。質問は尋ね方によって「攻撃」に変わる性質を持っているので、自己主張は加えず「尋ねる」を意識したほうがいい。

質問の際は的を絞り具体的に答えられるように工夫し、答えてもらうことへの感謝の気持ちを持つ。

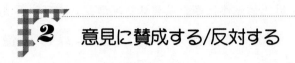

2 意見に賛成する/反対する

佐藤恵子：張さん、これ、ご覧ください。新型車の写真ですが、いかがでしょうか。

張暁華：（見ている）うん、きれいに撮れましたよね。撮影の角度(かくど)はとてもいいと思いますが、ちょっとユニークなところだけ、クローズアップすれば、どうですか。

佐藤恵子：そうですね。

張暁華：今の写真から見れば、すべてクローズアップされています。かえって、主旨(しゅし)がはっきりしていないようですね。

佐藤恵子：そうですね。なるほど、張さんの言ったとおりですね。

張暁華：それから、この車全体の写真は色合(いろあ)いがちょっと暗いような気がします。もう少し明るく作ったらいいと思いますけど。

佐藤恵子：ええ、それはそうですが、でも、新型車が商用車なので、明るい色合いなら、落ち着いて見えないかもしれませんし、重厚さも弱めるかもしれません。

張暁華：う～ん、佐藤さんの言ったことも正しいと思います。う～ん、やっぱりそれを気にします。すみません、ただ私なりの考えなのですが。

佐藤恵子：はい、分かりました。これから、考え直します。

解 説

（1）文型と表現を覚えましょう

①名詞＋から見れば

表示"从某一立场来判断的话"的意思。可以直接接在表示人物的名词后。

○私から見れば、それは面白い考え方だと思います。/我认为那是个有趣的想法。

○それは一時的で、細かい問題であり、全体的状況から見れば、解決可能なものです。/那是一个一时性的细小问题，从整体情况看，是有可能解决的。

○現在から見れば、普通の作柄なら、中国は五億トン以上の食糧の年間生産量は保証できる。/从现在来看，普通收成的话，中国能够保证五亿吨以上的粮食年生产总量。

②名詞・形容詞＋なり

表示其相应的状态，可译为"与……相适""那般""那样"。

○私なりに頑張ったので、どんな結果でも悔しくないと思います。/我以我的方式努力了，所以不管什么结果都不会后悔。

○できなくてもいいんです。でも、できないなりに頑張ったというプロセスがとても大事です。/做不到也可以。但是与做不到相比相应付出的努力的过程很重要。

○学生には学生なりの努力が求められている。/既然是学生就要做出学生应该做的相应努力。

(2) 役に立つ表現を覚えましょう

① デザインもフルチェンジしたし、新しい機能もたくさんついているから、大丈夫だと思いますけど。/我认为本设计焕然一新，还带有大量的新功能，应该没有问题。

② 双方の主張を取り入れた折衷案なんですが。/这是吸取了双方主张的一个折中办法。

③ さっき、そうおっしゃいましたよね。/您刚才是那么说的吧?

④ そこなんですよ。私の言いたいのは。/我想说的是那儿!

⑤ それもそうですねえ。/说的也对。

⑥ おっしゃったとおりです。/正如您所说。

⑦ こうすれば、ご指摘の問題も解決できるはずです。/如果这样的话，您所指出的问题也应该能解决了。

⑧ 第一、ほかに売れていて、利益率の高い商品がありますか。/首要的是，还有其他销售率更高的产品吗?

⑨ じゃあ、こっちの案はどうですか。/那么，这个方案如何?

（3）ポイント解釈

◆相手の意見に賛成する場合、まず、賛成の趣旨を述べて、それから根拠を説明する。

例：①わたしも〇〇さんのご意見に賛成です。それは～だからです。

　　②私もそう・その通りだと思います。なぜ・どうしてかというと～だからです。

◆相手の意見に反対する場合、発言者の気分を害することなく、会議やミーティングを
　進行しよう。いきなり「それは違います」といったように相手の意見に直接的に反対
　するのは避ける。断定的な言い切りを避け、違う側面からの見解を述べることによっ
　て、賛成しかねる意向を示し、その根拠を述べるとよい。
　　賛成しかねる意向を示す文型は次のようによく使われる。

例：①そうですね。ただ、～ではないでしょうか。

　　②それはそうかもしれませんが、～ではないでしょうか。

　　③確かに、そういう面もありますが、～だと思うんです。

　　④その考え方もわかりますが、～だと思うんですけど。

進捗報告

渡辺一郎：それでは、さっそく始めましょう。各担当の進捗報告_{しんちょくほうこく}をお願いします。ま
　　　　　ず、ホームページのプログラミングのほうから始めましょう。

松本正雄：はい。担当している部分はほとんど出来上がりました。特にホームページの
　　　　　コーディングはもう完成して、今はテスト中です。

渡辺一郎：うん、よくできたね。て、佐藤_{さとう}さんは？

佐藤恵子：はい。素材_{そざい}の採集_{さいしゅう}や編集_{へんしゅう}はもう終わりました。今は新型車の各特徴を分類し
　　　　　て、それから、それぞれの映像作成をするところなのです。すべて新しいス
　　　　　ケジュールのとおりに進んでいます。

渡辺一郎：はい。わかりました。張さんは？

　張暁華：はい。すみません。今、3Dのページを全面的に作り直しました。ですか
　　　　　ら、ちょっと予定より遅れています。

渡辺一郎：どうしてですか。

　張暁華：3Dのビデオのリンクをクリックすると、そのページの内容が文字化けにな
　　　　　ることを発見しました。松本_{まつもと}さんのグループと一緒に原因を探しましたの
　　　　　で、今はもう解決しました。

松本正雄：それはリンクのプログラムとフォントの変換の問題です。今、この部分のテ
　　　　　ストが行われているので、今日中に、完成できると思います。

　張暁華：予定通りに進まなくて、申し訳ございません。

渡辺一郎：うーん、困るね。また、延期_{えんき}する必要があるかな。

　張暁華：いいえ。どうにか、予定通りに、今週の金曜日に初歩的_{しょほてき}なデザインが完成で
　　　　　きます。

渡辺一郎：よかった。ご苦労さま。

解説

(1) 文型と表現を覚えましょう

〜中／中

读「ちゅう」时，常与动作名词连接，如「営業・会議・工事・試験・調査・話し・お取り込み・アルバイト」等，与「〜の最中/〜ているところだ」基本同义。其次，常用的是接在表示特定时间段的名词后，如「午前・今週・今月・来年」等。或者接在表示状态的名词后，如「在米・不在・失業・在職」等，此时与「〜の間（は/に）」基本同义。而与「一晩・一日」等连接时，读作「じゅう」，表示「〜の間ずっと〜」的意思。

○試験中は隣の人と話してはいけません。/在考试过程中不许和旁边的人说话。

○工事中につき、足下にご注意ください。/正在施工，请您注意脚下。

○母の病状を心配して、一晩中起きている。/担心母亲的病情，整整一晚上没有
　　睡觉。

(2) 役に立つ表現を覚えましょう

① こちらもスケジュール通り、今日中に終了する予定です。/按照日程，准备在今
　　天之内完成这项工作。

② 一日で終わるはずだったんですが、まだ半分ぐらいしか終わっていない状態で
　　す。/本应一天之内完成，可是目前的状况是只完成了一半左右。

③ 明日の朝、私に終了したかどうか報告してください。/明天早上请告诉我是否完
　　成了。

④ どうして検索結果画面の修正に、2日もかかったんですか。/为什么修改检索结
　　果的页面需要花费两天时间呢?

⑤ 実を言うと、修正している途中で別の問題点に気づきまして、そちらの修正も
　　一緒にしてしまったんです。/事实上，在修改的过程中发现了别的问题，于是也
　　一并修改了。

（3）ポイント解釈

◆何かの事情があって、業務の進捗に支障をもたらした場合など、控えめに説明する場合がある。相手からの指摘に対して、事情説明をする場合もある。通常に次の文型はよく使われる。

①実は～

②申し上げにくいのですが、～

③実・実際のところ、～

④実を言うと、～

 楽しく話しましょう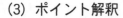

次の質問を考えて、答えてみてください。

1. 進捗の報告は、どのようにすればいいですか。

2. 進捗会議は、どのぐらいの頻度で行われるんですか。

3. コーディング規約は何を参照すればいいですか。

4. テストデータはお客様からいただけるんですか。

5. コーディングで困った時は、誰に聞けばいいですか。

6. 単体テスト仕様書は、いつまでに提出すればいいですか。

練習問題

1. 言い換えて話しましょう。

（1）例：A：変更の必要な箇所について、また、意見はありませんか。

B：<u>3Dの映像</u>についてですが、<u>新型車の特徴ごとに短い映像を作成する</u>のは
よろしいでしょうか。

A：このアイデアがいいですね。

①ホームページ・

日本語にする

②検査項目・

もっと増やす

③原料・

国内のを使う

（2）例：A：それから、<u>この車全体の写真は色合いがちょっと暗い</u>ような気がします。

B：ええ、それはそうですが、でも、<u>新型車が商用車な</u>ので、<u>明るい色合いなら、</u>
<u>落ち着いて見えない</u>かもしれませんし、<u>重厚さも弱める</u>かもしれません。

A：う～ん、おっしゃったことも正しいと思います。う～ん、やっぱりそれ
を気にします。

B：はい、わかりました。これから、考え直します。

①コストがちょっと高い・

原料の値段が高くなる・

コストを低く抑えれば、よい原料が買えない・

会社の信用も失う

②あのネクタイがちょっと派手・

同僚の結婚式がある・

たくさんの友人が来る・

取引先もたくさん来る

③李さんが自分で行くのがいい・

今日は用事がある・

今、私が行ったら、もう間に合わない・

王さんも怒る

(3) 例：A：予定通りに進まなくて、申し訳ございません。

B：うーん、困るね。また、<u>延期する</u>必要があるかな。

A：いいえ。どうにか、予定通りに、<u>今週の金曜日</u>に初歩的なデザインを完

成します。

B：よかった。ご苦労さま。

①時間を延ばす・　　②相手に電話を掛ける・　③ほかの人に助けてもらう・

来週の水曜日　　　今日中　　　　　　　13日

2. 録音の会話を聞いて、話しましょう。

(1) A：変更の必要な箇所について、また意見はありませんか。

B：はい。①＿＿＿＿＿＿＿＿についてですが、②＿＿＿＿＿＿＿。

A：このアイデアがいいですね。

C：でも、よく時間がかかるようです。

B：③＿＿＿＿＿＿＿＿たら、④＿＿＿＿＿＿＿＿。

C：うーん、少なくとも、3日延長すれば、完成できると思います。

（2）A：このデザインはいかがでしょうか。

　　B：①＿＿＿＿＿＿＿＿＿と思いますが、ちょっと②＿＿＿＿＿＿＿＿＿。

　　A：そうですね。いいアイデアですね。

　　B：それから、③＿＿＿＿＿＿＿＿＿。

　　A：確かにおっしゃったとおりですが、明るい色なら、落ち着いて見えないかも
　　　　しれません。

　　B：④＿＿＿＿＿＿＿＿＿。

（3）A：各担当の進捗報告をお願いします。まず、李さんのほうから始めましょう。

　　B：はい。①＿＿＿＿＿＿＿＿＿。

　　A：うん、すべて新しいスケジュールの通りに、よくできたね。では、木村さん
　　　　は？

　　C：はい、すみません。②＿＿＿＿＿＿＿＿＿。

　　A：どうしてですか。

　　C：③＿＿＿＿＿＿＿＿＿。

　　A：では、延期する必要があるかな。

　　C：いいえ。④＿＿＿＿＿＿＿＿＿。

3. 次の状況に基づいて、会話を作ってみてください。

A：X社のリーダー大森さん	B：X社のメンバー小沢さん
①小沢さんの作業内容を聞いてください。	②テストをしていると言ってください。
③納期はいつだと聞いてください。	④今週一杯だと伝えてください。
⑤納期まで完成できるかどうかと聞いてください。	⑥今、半分ぐらいしか終わっていない状態で、遅れるかもしれないと言ってください。
⑦原因を聞いてください。	⑧謝って、単体テストで、対応ができないケースがあると説明してください。
⑨吉田さんに、手伝ってもらうように言ってください。	⑩お礼を言って、もう一度、謝ってください。

4. 次の敬語表現を判断して、正しくないところを直してください。

(1) （　　）佐藤さんは何をいただきますか。

(2) （　　）これをもって、私のご挨拶とさせていただきます。

(3) （　　）資料はあちらの係でいただいてください。

(4) （　　）どういたしましたか。

(5) （　　）わが社に来たのは、はじめてでしょうか。

豆知識

職人気質

　自分の技術を極めて仕事にしている職人のように、自分の仕事を納得がいくまで最後までやり遂げるような性格をしている人を「職人気質だね」と言い表すことができます。「真面目に仕事をする人」という褒め言葉で使用されることがあります。

◆職人気質な人の特徴

1. 強い信念を持っている

　職人気質な人には、強い信念を持っている人が多いです。職人気質な人は、「自分がどうあるべきか」という信念をしっかりともっているので、ちょっとやそっとのことでは意思は変わらないし、例え多くの人に言われてもぶれることはありません。

2. 負けず嫌い

　職人気質な人の中には、妥協をすることが「負け」だと感じてしまう心理の人もいます。つまり、負けず嫌いという性格が職人気質にしているのです。職人気質な人の中には、過去の自分の栄光にすがっているという人も少なくありません。

◆職人気質な人の長所

1. ぶれない芯を持っていて一貫性がある

他人の意見や周りの状況に左右されて、自分を見失ってわけわからなくなってしまう人は沢山います。職人気質な人はぶれない芯を持っているからこそ、応援しようと思う人も多いのです。

2. 最後までやり遂げる力がある

一度決めたことは、絶対にやり遂げないと納得がいかないのです。どんなことでも投げ出さずやり遂げる忍耐力があるのは、長所です。職人気質な人は努力家なので、信頼されやすく大きな仕事を任せてもらえたりすることが多いです。

3. 成果を残しやすい

職人気質な人は、どんなときでも妥協することなく完璧を求めて物事に取りくむので期待されている以上の結果をだすことが多いです。また、時間がかかったとしても妥協することなく成功するまで頑張れるので、成功する確率が他の人よりも高いと言えるでしょう。

第10課
同僚との付き合い

【知识目标】

  1. 掌握句型「～ちゃう」「～まくる」「～ことなく」的意义思及用法。

  2. 掌握午休、下班后以及忘年会等非工作场景中与同事交往的日语表达。

【能力目标】

  能够在非工作场景中用日语流利地与日本同事交流，提升跨文化交际能力。

【素养目标】

  培养家国情怀，与外国人交往保持正确立场，传播中国文化，提升跨文化交际能力。

一　ウォーミングアップ

下記の表現を訂正してください。

1.そちらのエレベーターで行ってください。

2.そちらの椅子におかけになって待ってください。

3.この次にいらっしゃる時は、健康保健証をご持参ください。

4.部長、明日九州へ行かれますか。

5.ただいまのご説明のほかにお聞きしたいことがございませんか。

6.ただいまメールを見ています。

7.マネージャーが先程言われたように、お考えくださいませんか。

8.お借りしていたこの車は、どちらへ返しておいたらよいですか。

9.マネージャーはただいま会議中ですが、すぐ終わりますので、10分ほどお待ちください。

10.部長にお会いしたいのですが。

モデル会話

 昼休み

松本正雄：張さん、どこかへ行きましたか。すごい汗ですね。

張暁華：郵便局へ会社宛^{かいしゃあて}の小包を取りに行きました。

松本正雄：お疲れ様でした。今日は本当に暑いですね。

張暁華：そうですね。大連はこんなに暑い天気は少ないようです。

松本正雄：ところで、昼ご飯は？

張暁華：ええ、ラーメン屋でラーメンを食べました。松本^{まつもと}さんは？

松本正雄：はい。食堂ですませました。今日はおいしかったですよ。張さんが好きな魚もありました。

張暁華：ああ、損しちゃったな。ははは。

松本正雄：今日、退社後、何か御用はありませんか。

張暁華：べつにありませんが…

松本正雄：じゃ、一緒に飲みませんか。佐藤^{さとう}さんも行きます。

張暁華：いいですね。そうしましょう。

解　説

（1）文型と表現を覚えましょう

〜ちゃう

　　該句型是「〜てしまう」在较为随便的口语中的使用形式，与「〜てしまう」一样具

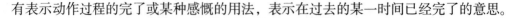

有表示动作过程的完了或某种感慨的用法，表示在过去的某一时间已经完了的意思。

　　○仕事はもう全部完成しちゃった。/工作已经全部做完了。

　　○新しいスマートフォンをうっかり水中に落としちゃった。/一不小心把新买的智
　　　能手机给掉到水里了。

　　○急いでいて、資料を持ってくるのを忘れちゃった。どうしよう。/我赶时间忘带
　　　资料来了，这可怎么办呀。

(2) 役に立つ表現を覚えましょう

①今晩、飲みに行くんですが、ご一緒にいかがですか。/今天晚上去喝酒，一起去怎么
　样？

②日曜日、みんなで花火大会に行くんですが、一緒にどうですか。/周日大家要去烟火
　晚会，一起去怎么样？

③最近出来た○○ったお店が人気があるんだよね。今度一緒に行かない？/最近新开的
　○○的店很受欢迎。下次一起去呀？

④残念ですが、友人の結婚式があるんです。また誘ってください。/太遗憾了，我那天
　要参加朋友的婚礼。请下次再约吧。

⑤せっかくですが、予定が入っていまして…/承蒙邀请，但是我已经和别人约好了……

(3) ポイント解釈

◆昼休みの過ごし方

　　会社のお昼の休憩時間はだいたい1時間あるので、仕事場の席や休憩室で持参したお
弁当を食べるか、天気のよいときは、ときどき同僚と近くの公園に行って食べるのが
普通の社員の過ごし方である。それから、10分や15分、自分の休憩室で休憩したほう
がいい。そして、女子社員が喋り好きなので、昼食の後、女性だけで「笑っていいと
も！」などを見ながら喋る。話題がたくさんある。例えば、話題の映画をめぐって、
好きな映画、好きな俳優などの話題は広がる。また、近くの飲食店などの情報交換も
ある。

退社後

（レストランで）

張暁華：この店、いい雰囲気ですね。

佐藤恵子：でしょう。お料理もおいしいそうです。

松本正雄：張さん、好きなものを注文してくださいよ。

張暁華：ええ。飲みませんか。最初はビールでどうですか。

松本正雄：そうね。明日は週末だから、今晩、飲みまくろうか。

張暁華：じゃ、いただきます。

松本正雄：もう一杯どうですか。

佐藤恵子：いいえ、結構です。もう酔ったみたいだわ。

松本正雄：そうですか。

張暁華：無理に勧めないで。料理のほうを食べてください。

佐藤恵子：十分いただきました。ごちそうさまでした。

松本正雄：まだ9時だから、カラオケに行きましょうか。

みんな：賛成。

解　説

（1）文型と表現を覚えましょう

動詞連用形＋まくる

表示激烈地、不停地做某个动作。

○ピアノが上達になるためには、毎日弾いて弾いて弾きまくるしか方法がありませ

ん。/要让钢琴技巧进步的方法只有每天疯狂练习弹琴而已。

○仕事でミスしまくって自信がなくなった。/工作的时候总出错，开始没自信了。

○7月に入ってから勝ちまくり、一気に首位に躍り出た。/从7月开始不断地赢，一口气以第一名的成绩胜出。

(2) 役に立つ表現を覚えましょう

①とりあえず、生ビール3杯お願いします。/先来三杯生啤。

②枝豆と野菜サラダをお願いします。/请给我来毛豆和蔬菜沙拉。
　えだまめ

③家族を連れて温泉旅行に行こうと思います。/我想带着家人去温泉旅行。

④明日の朝は早いから、一杯だけにしましょう。/因为明天早上还要早起，所以只喝一杯吧。

⑤おつまみは何にしますか。/点些什么下酒菜呢?

⑥何か食べておいたほうがいいですよ。/要先吃些什么东西比较好。

⑦この店、インテリアが凝っていますね。/这家店装潢很讲究。

(3) ポイント解釈

◆乾杯までのマナー

①最初の一杯はすぐに運ばれてくる、とりあえずのビールかソフトドリンクをオーダー。

②勿論、乾杯前に口を付けてはいけない。お通しも食べたらダメ。

③乾杯する時は、目上の人のグラスより気持ち下げて（夜のお店のお姉さま方ほど下げる必要は無い）。

④乾杯したらそのまま口を一度付ける（付けるだけでも良い）。

◆面倒くさいし帰りたい場合

①帰りたい大体の時間に、着信っぽい音で携帯のアラームを設定しておく。

②電話がかかってきたフリをして、「あ、もしもし?」とかいって急いで廊下や外へ行く。

③みんなの所に戻って、「すいません、ちょっと早いですけど、お先に…」と、苦笑いしながらすまなさそうに身支度をする。但し、あまり度重なると、疑われるので注意。
　　　　　　　　　　　　　　　　　　　　　　　　　にがわら
　　　　　　　　　　　　　　　　　　　　　　　　　　　　　　　　　たびかさ

忘年会

佐藤恵子：さて、渡辺部長に一言ご挨拶をいただきます。

渡辺一郎：皆さん、本年一年間、本当にお疲れ様でした。振り返りますと、無事に予算
　　　　　を達成できて、非常に嬉しく存じます。こうして一人も欠けることなく、新
　　　　　しい年を迎えることができるのは、皆さん、一人一人がそれぞれの課題にき
　　　　　ちんと取り組んできた結果だと思っています。ありがとうございました。せ
　　　　　めて今日だけは、仕事のことをすべて忘れて、心ゆくまで楽しんでくださ
　　　　　い。それでは、乾杯の音頭を取らせていただきますので、皆さん、ご唱和を
　　　　　お願いします。お疲れさまでした！乾杯！

　　全員：乾杯！

張暁華：松本さん、佐藤さん、本年は、いろいろお世話になりました。

松本正雄：こちらこそ、たいへんお世話になりました。

佐藤恵子：そうですよ。張さんは本当に頑張りました。

張暁華：ありがとうございます。皆さんとご一緒に仕事をして、よかった。とても勉
　　　　　強になりました。

佐藤恵子：私も張さんと仕事をすると楽だと思いましたわ。

松本正雄：ええ、来年も引き続き、どうぞ、よろしくお願いします。

張暁華：どうぞ、よろしくお願いします。（乾杯〜）

解　説

(1) 文型と表現を覚えましょう

動詞原形＋ことなく

　　表示否定。意思与「〜ないで」或「〜ずに」相近，但其书面语感更强，可译为“不

……"。

○苦難に耐えることなく、成功など決してあり得ない。/不能经受苦难，就绝不可能获得成功。

○原則を変ずることなく、現実に柔軟に対応することが大切だ。/不改变原则，而是用灵活的方法来应对现实很重要。

○現状に満足することなく、さらなるレベルアップを目指す。/不满足于现状，以更进一步提高等级为目标。

(2) 役に立つ表現を覚えましょう

①皆さん今晩は、よくお集まりくださいました。/今晚大家真的是欢聚一堂呀。

②どうぞ、今宵は心の洗濯を存分していただき、来る新しい年を気分良く迎えましょう。/今晚让我们敞开心扉，以一个饱满的精神迎接新的一年。

③では、まずお互いの健康に祝杯を挙げましょう。/那么，为了大家的健康举杯。

④楽しく過ごそうというのが、忘年会の主旨であります。/忘年会的宗旨就是高高兴兴地共度时光。

⑤どうか皆さん、今こそ心を一つにしてこの難局を乗り切っていきましょう。/让我们团结一心，共同克服困难的局面。

(3) ポイント解釈

◆忘年会とは、職場などで、年末にその一年間の苦労をねぎらうために行う宴会を言う。もともとは、「年を忘れる」という文字が表わすとおり、その一年にあった苦労を忘れるための「年忘れの宴会」をさしている。現代では忘年会は職場の慰労会や親睦会的な意味もあるほか、大学をはじめとする学校でゼミや研究室、サークルや研究会で行われたり、体育会、部活動やクラブ活動などで仲間うちで親睦会を兼ねて行われることもある。

三　楽しく話しましょう

同僚と一緒にカラオケへ行って、以下の行為を皆さんはどう思うか、意見を聞かせてください。

1. 誰かが歌っている最中に帰る、またはトイレに行く。

2. 誰かが歌った後奏（もう歌うところがない）で勝手に曲を消す。

3. 誰かの歌の途中でマイクで一緒に歌い出す。

4. 自分の歌を2曲以上、続けて入れる。

5. 誰かの十八番を勝手に入れて「歌って！」を強要する。

6. 知らない、または歌いたくない曲を無理やり歌わせる。

7. 暗い歌ばかり歌う。

8. 同僚が知らない曲ばかり歌う（年配の人が多い場所で最近の若者の曲、など）。

9. 同じ歌手の歌ばかり歌う。

四　練習問題

1. 言い換えて話しましょう。

（1）例：A：ところで、昼ご飯は？

　　　　B：外で、ラーメンを食べました。松本さんは？

　　　　A：うん。食堂ですませました。今日はおいしかったですよ。張さんが好きな魚もありました。

　　　　B：あ〜あ、損しちゃったな。ははは。

①やきそば

ショーロンポー

②五目チャーハン　　　ワンタン

③マーラータン　　　　トンポーロウ

(2) 例：A：<u>飲み</u>ませんか。

　　　B：そうね。明日は週末だから、今晩、<u>飲み</u>まくろうか。

　　　A：<u>もう一杯</u>どうですか。

　　　B：いいえ、結構です。

　　　A：まだ、<u>9時</u>ですから、<u>カラオケ</u>に行きましょうか。

①食べる・米粉巻き・10時・二次会

②歌う・もう一曲・11時・飲む

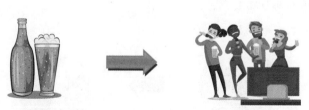

③飲む・ビール・8時・二次会

（3）例：A：みなさん、この一年間、本当にお疲れ様でした。今年一年を振り返りま
すと、無事に予算を達成できたことを非常に嬉しく思います。せめて今
日だけは、仕事のことをすべて忘れて、心ゆくまで楽しんでください。
<u>それでは、乾杯の音頭を取らせていただきますので、皆さん、ご唱和を</u>
<u>お願いします。おつかれさまでした！乾杯！</u>

　　　B：乾杯！

①どうぞ、今宵は心の洗濯を存分していただき、来る新しい年を気分良く迎
えましょう。

②では、まずお互いの健康に祝杯を挙げましょう。

③どうか皆さん、今こそ心を一つにしてこの難局を乗り切っていきましょう。

2.　録音の会話を聞いて、話しましょう。

（1）A：王さん、お昼ですよ。①＿＿＿＿＿＿＿＿＿。

　　　B：ええ、行きましょう。

　　　A：②＿＿＿＿＿＿＿＿＿。

　　　B：今日はあまり時間がないので、待たないですむところのほうがいいです。

　　　A：じゃ、③＿＿＿＿＿＿＿＿＿。

　　　B：ええ、そうしましょう。

（2）A：忙しい一日でしたね。

　　　B：これから月末に入るから、①＿＿＿＿＿＿＿＿＿。

　　　A：あと3日間でこの仕事は終わるでしょうか。

　　　B：②＿＿＿＿＿＿＿＿＿、3日間で終わるでしょう。

　　　A：終わってから、何をしたいですか。

　　　B：③＿＿＿＿＿＿＿＿＿。

　　　A：温泉旅行？どこに行きますか。

　　　B：まだ決めていないけど、④＿＿＿＿＿＿＿＿＿。

（3）A：王さんって、日本の歌うまいね。

B：①＿＿＿＿＿＿＿＿＿＿＿。

A：でも、アニメソングばっかりだね。

B：ええ、②＿＿＿＿＿＿＿＿＿＿。

A：なるほど。

（部屋の電話が鳴る）

はい、あ、時間ですか。皆さん、時間ですが、延長しますか。

B：③＿＿＿＿＿＿＿＿＿＿。

C：私もそろそろ帰らないと。

A：じゃあ、これでお開きにしましょう。

3.　次の状況に基づいて、会話を作ってみてください。

A：先輩の山田さん	B：後輩の川田さん
①期のメンバーで、今晩、飲みにいく予定があるので、川田さんを誘ってください。	②今晩、特に予定がないので、飲みに行くと答えてください。
③飲み会が終わって、二次会へ行こうと川田さんに誘ってください。 （翌日）	④今日は飲みすぎたので、早く帰りたいといってください。
⑤昨夜、川田さんが終電に間に合ったかどうかと聞いてください。	⑥間に合わなかったが、タクシーで家へ帰ったと言って、昨夜の飲み会に誘ってもらった御礼を言ってください。
⑦あいづちをして、今度の3連休に温泉旅行を計画していると、川田さんを誘ってください。	⑧喜んで、行きたいと、答えてください。

4. 適切な言葉を選んで、次の（　　）の中に入れてください。

（1）いつも何かとお世話になり、（　　　　）。

（2）今回、先輩にプロジェクトに加わっていただけると聞いて、大変（　　　　）。

（3）ご丁寧にお土産までいただいてしまって、大変（　　　　）。

（4）昨日は、夜遅くまで、報告書を手伝っていただいて、大変（　　　　）。

（5）今日は田中さんの（　　　　）、大変助かりました。

| ①助かりました | ②恐縮です | ③心強いです |
| ④おかげで | ⑤ありがとうございます | |

豆知識

目標設定の重要性と方法

　目標設定とは、仕事におけるゴールの内容を定めることです。「目標」は「目的」と混同されやすいですが、両者は異なります。目的が「成し遂げたい内容」を指すのに対して、目標は「目的を達成するために成し遂げたい内容を具体化した指標」を指します。

◆目標設定が重要な理由

1. 目的を達成するためのステップが明確になる

　的確な目標が定められていれば、やるべきことが明確になり、余計な時間やコスト、労力を最小限に抑えることができ、最短ルートで目的を達成できます。

2. 従業員のモチベーションを高める

　組織目標に照らして個人の目標設定をおこなうことで、従業員一人一人に対して求められるミッションが明確化されます。

◆目標設定に役立つ「SMART の法則」

　「SMART」は、目標設定に必要な5つの要素の頭文字を表しています。

1. 具体的（Specific）な目標

目標を達成するための手段や時間、人員など、具体的な方法も含めて言語化し、目標を設定することが重要です。

2. 定量的に測定可能（Measurable）な目標

設定する目標は、定性的な内容も存在しますが、可能な限り測定可能で定量的なものであることが理想的です。また最終的なゴールと、それを達成するためのプロセスにおける目標が確実にリンクしていることも重要です。

3. 合意がとれている（Agreed-upon）目標

目標設定は、ステークホルダー全員が合意している数値または内容であることも重要です。「なぜこの目標を達成する必要があるのか」という点が誰に対しても明確であり、誰もが納得できる目標である必要があります。

4. 現実的（Realistic）な目標

社内の状況に合わせて、達成が現実的な目標である必要があります。適切な目標の立て方としては、たとえば「過去に達成してきた目標のレベルよりもややストレッチする」などの方法が挙げられます。

5. 期限を定めた（Time-bound）目標

設定した目標を、いつまでに目標を達成するのか、具体的な期限を定めておきましょう。ゴールの期限だけではなく、一定のタイミングで進捗（しんちょく）の確認や振り返り、必要に応じて目標達成のための方法の変更など軌道 修 正（きどうしゅうせい）をおこなうことも重要です。

第11課
海外出張

【知识目标】
 1. 掌握句型「～ているところ」「ところで」「～にする」的意义及用法。
 2. 掌握预订机票和办理入住酒店的日语表达。

【能力目标】
 能够独立完成预定机票和办理入住酒店，会用日语表达相关信息和要求。

【素养目标】
 培养国际化视野，传播中国文化，提升跨文化交际能力。

ウォーミングアップ

次の会話の中で、不適切な個所（かしょ）に下線を引き、適切な表現に変えてください。

1. A：王さん、今日は暑いし、みんなで夕方、ビアガーデンにでも行こうよ。

 B：今日はいけません、すみません。

 A：そ、そうですか。わかりました。

2. A：王さん、来週の日曜日、取引先をゴルフに誘いたいんだけど、君も一緒にどう？

 B：いいですよ。来週の日曜日は暇ですから。

3. A：課長、今度の土曜日の午後、暇ですか。

 B：時間はありますけど、別に暇というわけでは…

4. A：王さん、今度の社員旅行の計画を立ててみたんだけど、どうかな。

 B：箱根（はこね）ですか、いいと思います。

5. A：王さん、今度の企画だけど、A案とB案、どっちがいいと思う？

 B：そうですね、私の考えではB案のほうが我々にとって、有利だと思いますが。

6. A：部長、私が鞄を持ってあげましょうか。

 B：ええ、いいですよ。自分で持ちますから。

モデル会話

 航空券の予約

佐藤恵子：張さん、来週出張の航空券はもう予約しましたか。

張暁華：ええ、今、航空会社のホームページで予約しているところですが、はじめて
なので、ちょっと教えてくれませんか。

佐藤恵子：ええ、いいですよ。まず出発地と到着地を選びます。

張暁華：はい、大連から東京までですね。

佐藤恵子：ええ、それから出発日を選びます。戻る日はまだ決めないんですか。

張暁華：ええ、まだです。

佐藤恵子：それなら、片道を選んでください。

張暁華：片道で、7月9日ですね。へえ、午後出発なら、この便しかありませんね。

佐藤恵子：本当ですね。エコノミークラスを選んでください。

張暁華：えっ、どうして、エコノミークラスが選べませんか。

佐藤恵子：エコノミークラスのチケットがないから。

（ちょうど渡辺部長が歩いてきた。）

張暁華：部長、エコノミークラスのチケットがないので、どうしますか。

佐藤恵子：あっ、午前出発なら、エコノミークラスのチケットがまだありますが、それ
はいいですか。

渡辺一郎：そうですね。仕方ないですね。それにしましょう。

張暁華：はい、ありがとうございます。

佐藤恵子：後は、枚数を選んで、お名前と電話番号を書き入れてください。

張暁華：はい。お支払の方式がいろいろありますが、どれでもいいですか。

佐藤恵子：ええ、どれでもかまいませんが、お支払完了のスクリーンショットを保存し
ておいてください。

張暁華：はい。わかりました。丁寧に教えてくれて、ありがとうございます。

佐藤恵子：いいえ、いいえ。

解 説

(1) 文型と表現を覚えましょう

〜ているところ

接动词「て」形，表示动作、行为正在发生，可译为"正在……"。

○今、エラーの原因を調べているところなので、もう少し待ってください。/ 现在正在调查错误的原因，请稍等。

○中国の救援隊は救援活動に参加するため、被災地へと急ぎ向かっているところです。/为了能够加入救援行动，中国救援队正急速赶往受灾地。

(2) 役に立つ表現を覚えましょう

①北京行きの便を予約したいのですが。/我想预订去北京的航班。

②まだ、空席ありますでしょうか。/还有空座吗?

③キャンセル待ちでもいいですから。/也可以等退票。

④飛行機の切符、予約したいんですが。/我想订张机票。

⑤片道ですか、それとも往復ですか。/是单程还是往返?

⑥どこで乗り換えますか。/在哪里转机呢?

(3) ポイント解釈

◆電話で航空券を予約するとき、目的地、日時、便号などの必要な情報をはっきり伝えなければならない。そして、習慣として、日付、目的地という順番、例えば、「○月○日△△行きの便を予約したいのです。」を教えたほうがいい。

◆次の単語を覚えたほうがいい

・ホームページ / 主页	東京行き / 去东京
・エコノミークラス / 经济舱	ファーストクラス / 头等舱
・ビジネスクラス / 商务舱	片道 / 单程
・往復 / 往返	アリペイ / 支付宝
・ウィチャットペイ / 微信支付	デジタル人民元 / 数字人民币
・予約のキャンセル / 取消预订	空席 / 空座
・航空券の領収書/行程单	パスポート/护照

ホテルのフロントで

フロント：いらっしゃいませ。

　張暁華：昨日、シングル・ルームを予約した張暁華です。

フロント：張さんですね。恐れ入りますが、パスポートをお見せください。

　張暁華：はい、どうぞ。

フロント：少々お待ちください。（調べます）お待たせいたしました。はい、確かにお
　　　　　受けしております。それから、この宿泊カードに、お名前、お電話番号、
　　　　　滞在予定などをお書きください。

　張暁華：これでいいですか。

フロント：ありがとうございます。お部屋は六階の618号室でございます。これがお部
　　　　　屋のキーでございます。ボーイにお荷物をお部屋まで届けさせますので、
　　　　　少々お待ちください。

　張暁華：どうも、ありがとう。よろしくお願いします。あっ、すみませんが、モーニ
　　　　　ングコールをお願いしたいのですが。

フロント：はい、何時がよろしいでしょうか。

　張暁華：朝、7時にお願いします。

フロント：はい、かしこまりました。

　張暁華：それから、チェックアウトは12時ですね。

フロント：はい、さようでございます。

（1）文型と表現を覚えましょう

　　在服务行业中，服务人员的用语中会使用固定的词语表达。如本文出现的「いらっしゃいませ」「恐れ入りますが」「少々お待ちください」「お待たせいたしました」「かしこまりました」「さようでございます」等。

　　「いらっしゃる」是「行く・来る・いる」的尊敬语，其「ます」体就是「いらっしゃいます」，而由于音变使得「り」变成「い」，而「ます」的命令形是「ませ」，所以就有了「いらっしゃいませ」的说法，虽说是命令形，但是是尊敬表现，有"请求、请愿"的含义。这句话只能用于服务行业。

　　○恐れ入りますが＝すみませんが

　　○少々お待ちください＝ちょっと待ってください

　　○お待たせいたしました＝待たせました

　　○かしこまりました＝わかりました

　　○さようでございます＝そうです

（2）役に立つ表現を覚えましょう

①ひとりなのですが、部屋は空いていますか。/我是一个人，有空的房间吗？

②ご予約いただいておりますか。/您提前预约了吗？

③何日、お泊りですか。/您准备住几天？

④二日間滞在したいのですが、部屋はありますか。/我想住两天，有房间吗？

⑤あいにく満室です。他のところをあたってみてください。/不巧房间都满了。请您到别的地方看一看吧。

⑥それでは、お部屋までご案内します。/那么，我带您到房间。

⑦何かご用がございましたら、どうぞ電話でおっしゃってくださいませ。/有什么事情的话请打电话。

⑧○○号室ですけど、朝食をお願いできますか。/我是○○号房间（的客人），可以麻烦您送早餐吗？

⑨10時発の飛行機に乗るので、すみませんが、チェックアウトしてくれませんか。/我要乘坐10点的飞机，麻烦您帮我办理结账手续好吗？

⑩毎度ありがとうございます。どうぞ、またおいでくださいませ。/感谢惠顾，欢迎您再次光临。

（3）ポイント解釈

◆直接ホテルに予約する場合は、電話かファクスで予約を入れる。このときには、宿泊日や泊数のほか、料金をきちんと確認しよう。「スペシャルレートはありませんか」といった一言を加えると、料金が割り引きになったり、お得なパッケージプランを紹介されることもある。

◆次の単語を覚えたほうがいい。

・素泊まり/只住店不用餐

・エキストラベッド/临时加床

・ルームチャージ/住宿费

・ルームサービス/房间服务

・ツインルーム/双人房间

・シングルルーム/单人房间

・一泊朝食付き/住一宿带早饭

・チップ/小费

・税サービス料込み/包括税和服务费在内

お土産の選択

（お土産の店で）

店　員：いらっしゃいませ。

張暁華：あのう、中国へ帰るので、お土産を買いたいんですが、何がいいでしょうか。

店　員：そうですね。伝統工芸品や日本酒はいかがですか。たくさんの中国のお客様が
　　　　これらをお土産として買って帰られます。

張暁華：そうですか。でも、日本酒はちょっと高いみたいですね。

店　員：お客さん、うちは免税品店ですから、市価より安くご購入できます。そして、
　　　　種類も豊富です。

張暁華：そうですか。ところで、伝統工芸品は何がいいですか。

店　員：お客さん、この江戸簾はいかがでしょうか。江戸簾の特色は天然素材の味わい
　　　　をそのまま生かしているところにあります。そして、持ちやすいです。

張暁華：いいですね。じゃ、それにしましょう。

 **解　説**

（1）文型と表現を覚えましょう

　①ところで

　用于与前面的话题不同而转变为其他话题时，或者添加与现在话题相关联的事情，使其互相对比的场合。

　　○ところで、この度は王さんが大学院に合格なさったそうで、おめでとうございます。/ 听说小王这次考上研究生了，恭喜恭喜。

　　○ところで、あの件はどうなりましたか。/ 对了，那件事儿怎么样了？

○お疲れ様です。ところで、会社の近くに新しい中華料理屋ができたんですけど、一緒に行ってみませんか。/今天您辛苦啦。对了，公司附近新开了一家中国菜馆，一起去看看怎么样?

②動詞＋こと・名詞＋にする

表示"决定"的意思。也可以使用「名詞＋助詞」的形式。

○大学を卒業したら、国へ帰って働くことにしました。/决定大学毕业后回国工作。

○今度のキャプテンは劉さんにしましょう。/这次咱们选小刘当队长吧。

○会議は5時からにします。/决定会议从5点开始。

(2) 役に立つ表現を覚えましょう

①リボンをかけてください。/请给我系上缎带。

②お土産の包装は、別に料金を取りますか。/礼品包装需要额外收费吗?

③中国まで届けられますか。/可以寄到中国吗?

④包装をお願いできますか。/可以帮我包装吗?

⑤私の予算は一万円ぐらいです。/我的预算是一万日元左右。

(3) ポイント解釈

◆お土産とは、知人や縁者に配る目的で、旅行先などで買い求めるその土地に因む品物（進物）のこと。または知人縁者の家など訪問先を訪問する際に感謝を込めて持参する進物のこと。いわゆる観光地や、鉄道駅、空港など交通機関のターミナル施設では、土産の専門店が軒を連ねる事が多く、地元特産の菓子、工芸品などが多く取り揃えられている。

◆本来の意を満たす「正統派おみやげ」の見分け方はどうすればいい。完全に見分けることはできないが、おおよそ次の手法で判断している。

①パッケージを手に持ち、表面、側面、裏面を見回す。

②「製造元」というキーワードを探す。

③「製造元」がその土地と何のゆかりも縁もない地名であれば「ニセモノおみやげ」。

④その土地のものであれば、「正統派おみやげ」すごく簡単である。ところが、「製造元」というキーワードがないケースも多々ある。

楽しく話しましょう

次の質問をちょっと考えて、答えてみてください。

1. 日本へ出張する前に、どんな準備をしたらよいのでしょうか。

2. 航空便のチケットを予約するとき、注意すべきことはなんですか。

3. 日本へ出張するとき、日本人の同僚にどんなお土産をあげたらいいでしょうか。

4. 日本で出張した後、中国へ帰る時、どんなお土産を買ったらいいでしょうか。

5. 海外のホテルを予約したいなら、どんな方法がありますか。

 練習問題

1. 言い換えて話しましょう。

（1）例：A：はい、航空券予約センターでございます。

　　　　　B：すみません、<u>7月9日東京行き</u>の航空券、1枚お願いします。

　　　　　A：はい、<u>7月9日東京行き</u>でございますね。何時ごろのがよろしいでしょうか。

　　　　　B：<u>午後</u>の便をお願いします。

　　　　　A：かしこまりました。少々お待ちください。

①8月10日東京行き・　　②9月4日上海行き・　　③7月24日大阪行き・

午前10時　　　　　　　午後2時半　　　　　　　午前9時40分

(2) 例：A：いらっしゃいませ。

　　　　B：昨日、シングルルームを予約した<u>張暁華</u>です。

　　　　A：<u>張</u>さんですね。恐れ入りますが、パスポートをお見せください。

　　　　B：はい、どうぞ。

　　　　A：ありがとうございます。お部屋は<u>6階の618号室</u>でございます。これがお

　　　　　部屋のキーでございます。

①田中・8階の804号室　　　②佐藤・10階の1001号室　　　③劉・5階の524号室

(3) 例：A：いらっしゃいませ。中国の特色品店でございます。

　　　　B：あのう、<u>アメリカ</u>へ帰るので、お土産を買いたいんですが、何がいいで

　　　　　しょうか。

　　　　A：そうですね。伝統工芸品はいかがでしょうか。

　　　　B：そうですか。伝統工芸品は何がいいですか。

　　　　A：お客さん、この<u>切り紙</u>はいかがでしょうか。<u>紙で作られる</u>し、そして、

　　　　　持ちやすいです。

　　　　B：いいですね。じゃ、そうしましょう。

①シンガポール・中国の　　　②韓国・ハンカチ・て　　　③ベトナム・チャイナ
　結び目・手作りだ　　　　　　なっせんで作られる　　　　ドレス・伝統刺繍だ

2. 録音の会話を聞いて、話しましょう。

（1）A：いらっしゃいませ。

　　　B：こんにちは、① ＿＿＿＿＿＿＿＿＿＿。

　　　A：航空会社はご指定になりますか。

　　　B：② ＿＿＿＿＿＿＿＿＿＿。

　　　A：はい、ご出発はいつごろになりますか。

　　　B：③ ＿＿＿＿＿＿＿＿＿。

　　　A：片道ですか、それとも、往復ですか。

　　　B：④ ＿＿＿＿＿＿＿＿。

　　　A：お帰りはいつごろですか。

　　　B：⑤ ＿＿＿＿＿＿＿＿。

　　　A：お客様、申し訳ございませんが、その日は、直行便がありません。乗り継便
　　　　　でよろしいですか。

　　　B：⑥ ＿＿＿＿＿＿＿＿。

　　　A：ソウルです。

　　　B：⑦ ＿＿＿＿＿＿＿＿。

　　　A：できます。午後5時北京に到着する予定です。

（2）A：ようこそおいでくださいました。

　　　B：① ＿＿＿＿＿＿＿＿。

　　　A：ご予約はなさっていますか。

　　　B：はい、② ＿＿＿＿＿＿＿＿＿。

　　　A：お名前を教えていただけますか。

　　　B：③ ＿＿＿＿＿＿＿＿＿。

　　　A：少々お待ちください。お調べいたします。

　　　B：④ ＿＿＿＿＿＿＿＿＿。

　　　A：山田様、宿泊予定は5泊ですよね。

　　　B：⑤ ＿＿＿＿＿＿＿＿。

　　　A：パスポートお願いできますか。

　　　B：⑥ ＿＿＿＿＿＿＿＿。

　　　A：ご宿泊登録カードに記入お願いします。

B：⑦＿＿＿＿＿＿＿＿。

A：はい、大丈夫です。この無料朝食券は一番奥のレストランでご利用ください。

B：⑧＿＿＿＿＿＿＿＿。

A：はい、そうです。

B：⑨＿＿＿＿＿＿＿＿。

A：はい、ホテルロビーの右側は和食レストラン、左側は洋食レストランです。

（3）A：海外出張の準備は①＿＿＿＿＿＿＿＿＿。

B：はい、ほとんど終わりました。あとはお土産だけです。どんなものを持っていけば喜ばれるでしょうか。

A：そうですね。②＿＿＿＿＿＿＿＿＿。私も駐在経験があるので、わかります。

B：分かりました。早速準備します。

A：③＿＿＿＿＿＿＿＿。種類も豊富ですし、市価より安く購入できるものもあります。

B：いいアドバイスをありがとうございます。

3. 次の状況に基づいて、会話を作ってみてください。

A：日本へ出張する李明さん	B：大青ホテルのフロント
①シングル・ルームを予約するように、頼んで下さい。	②あいづちをして、シングル・ルームがあるかどうかを調べるので、すこし時間を下さいと言ってください。
③あいづちをしてください。	④シングル・ルームがあると伝えて、何日間泊まるのかと聞いてください。
⑤3日間だと言ってください。	⑥パスポートを見せてくれるよう、お願いしてください。
⑦パスポートを渡してください。	⑧確認した後、お礼を言って、四階の408号室になると伝えてください。
⑨荷物を部屋まで届けるようお願いして、翌朝のモーニング・コールもお願いしてください。	⑩承知する。

4. （　　　）の中に適切な言葉を入れてください。

（1）今日はせっかくお越しいただいたのに、田中が不在で（　　　）。

（2）今日は会議に遅刻してしまって、本当にすみませんでした。以後（　　　）。

（3）いつもご迷惑をおかけしてしまい、（　　　）。

（4）お忙しいところ、（　　　）お越しいただいて、申し訳ありませんでした。

（5）今回は、日程に何度も変更があり（　　　）申し訳ありませんでした。

---

①助かりました　　　②申し訳ありません　　　③申し訳ございませんでした

④わざわざ　　　⑤お手数をおかけして

 ## 豆知識

仕事で謙虚な人の共通点

謙虚（けんきょ）の意味は、謙遜（けんそん）で、心にわだかまりのないこと。つまり、自分を過信しすぎず、周りの人からの意見に聞く耳を持てる人が、謙虚な人と言えます。

◆仕事で謙虚でいられる人の特徴

1. 傾聴力（けいちょうりょく）がある

謙虚な人には傾聴力があり、いつでも人の意見に聞く耳を持っています。自分の意見だけが正しいわけではなく、人には人の意見があることを理解していると、相手の言葉をきちんと聞けるわけです。

2. 学ぶ意欲がある

謙虚な人は、いつでも学ぶ意欲があります。現在の自分の能力が完璧ではないことを理解しているため、まだまだ成長しようとするわけです。

3. 他者を認められる

謙虚な人は、他者を認められます。人が自分とは違っても、人には人の考えがあることを理解して相手を尊敬し、受け入れられるからです。相手を受け入れられると、視野も広がっていくでしょう。

◆仕事で謙虚でいるメリット

1. 信頼されやすい

人の話をよく聞けて、思い込みで判断しない人は、親しみやすくて信頼もされやすいです。

2. どんどん成長できる

謙虚さによって、自分はまだまだ学べると思えると、成長し続けられます。成長すれば、新たな仕事に挑戦できたり、今よりもっと深い仕事ができたりします。

3. 視野が広がる

他者を認められる人は、多くの物事に関心を持てるので、視野が広がっていきます。さまざまなことに気が向けば、仕事の幅を広げられたり、人生を豊かに過ごせたりします。

こうして自分を成長させ、日々の暮らしも豊かになりますので、ぜひ謙虚さを身につけてみてください。

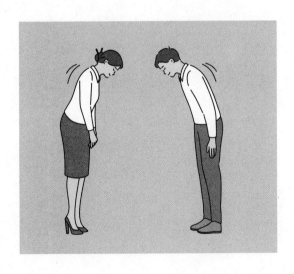

第12課
人事異動

【知识目标】

　　1.掌握「～によると～らしい」「～し～し」「～て以来」「～において」「～に違いない」「～の至り」的意义及用法。

　　2. 掌握入职意愿的表达思路和方法。

【能力目标】

　　1. 能够用日语打电话预约事情，并能够言简意赅地表达预约事项。

　　2. 能够用日语表达入职意愿。

【素养目标】

　　1. 了解商务工作中预约的重要性。

　　2. 掌握面试礼仪，培养良好的商务工作礼仪和职业素养。

ウォーミングアップ

次の会話の中で、不適切な個所に下線を引き、適切な表現に変えてください。

1. A：王さんは1年前に比べて、ずいぶん日本語が上達しましたね。

　 B：そうですね。ありがとうございます。

2. A：王さん、今回のようなミスは困りますよ。

　 B：ご迷惑をかかって、どうも申し訳ありませんでした。

3. A：すみません、土曜日に国から母が来るので、休暇をいただきます。よろしいですか。

　 B：休むんですか、いいですけど。

4. A：部長、報告書が間に合いそうにないので、月曜日に出すことができますか。

　 B：月曜日に出すんですか。かまいませんけど。

5. A：田中さん、この電子辞書、私に使わせてもいいですか。

　 B：え？使ってもいいですけど。

6. A：王さん、この荷物、急いでA社に送ってくれないかな。

　 B：このメール、急ぎなんですから。

　 A：あっ、すみません。

モデル会話

 昇進の話題

佐藤恵子：ねえ、張さん、聞きましたか。わが社は上海に支社を設（もう）けることになったそうです。

　張暁華：本当ですか。よかったですね。そうしたら、もっと中国国内の業務が受けられますね。ところで、誰が上海の支社長になられますか。

佐藤恵子：聞くところによると、松本さんに内定したらしいです。

　張暁華：そうですか。松本さんならいいですね。性格がいいし、まじめだし、そして、業務（ぎょうむ）に高い能力を持っています。でも、人事部の木村さんも、去年いい業績（ぎょうせき）でしたね。可能性はないでしょうか。

佐藤恵子：さあね。

　張暁華：佐藤さんもチャンスがありますよ。

佐藤恵子：いや、そんなことはありませんよ。

解　説

(1) 文型と表現を覚えましょう

①名詞＋によると～らしい

　「～によると」表示传闻的出处或推测的依据。可译为"根据……""好像……"。

○聞いた話によると、現在の中国ではスマートフォンが一本で支払いでも何でもできるらしい。/听说现在的中国，只要一部智能手机，无论是支付还是什么都可以完成。

○彼の説明によると、この機械は廃棄物（はいきぶつ）を処理する装置らしい。/据他的解释，这个机器好像是处理废弃物的。

○先生の話によると、来年の試験の形式が大きく変わるらしい。/据老师说，明年的考试形式会发生很大改变。

②～し～し

有两个意思。一是表示并列，二是表示例举理由。可译为"既……又……"。

○西安はおいしい食べ物がたくさんあるし、古跡がたくさんあるし、それに人が親切です。/西安有很多好吃的食物，有很多古迹，而且人很亲切。

○青島は気候がいいし、物価は高くないし、住みやすいです。/青岛气候好，物价不高，适合居住。

○高速鉄道は時間通りに来るし、スピードが速いし、とても便利です。/高铁很准时，速度快，非常方便。

(2) 役に立つ表現を覚えましょう

①そうなったら、主任は山本さんじゃないですか。/要是那样的话，主任不就是山本了吗？

②山本さんならまあいいけど。/要是山本的话，还不错。

③そしたら、あなたは社内初の女性主任？/要是那样的话，你就是本公司第一个女主任了吧？

④大山さんが主任になったりしたら、残業増えるんじゃない？/如果大山是主任的话，不就要多加班了吗？

⑤東証一部上場となったあかつきには、配当金倍増も夢ではありません。/要是能在东京证券交易所一部上市的话，红利倍增也不会是白日做梦了。

⑥係長が海外に一年間派遣されることになるそうです。/听说组长要被派到国外一年。

(3) ポイント解釈

◆「昇格と昇進」の違い

➢昇進とは、企業内で現在の役職よりも上位の役職へと出世することをいう。職能資格制度というところの職能資格が上がることは、これと区別して昇格と呼ばれる。

➢昇格とは、職能資格制度を採用している企業内で、現在の職能資格よりも上位の職能資格へと出世することをいう。役職として、より上位の職責を担うようになる昇進とは、区別して用いられる。

➢役員の場合、「昇役」という。例えば、「加藤取締役が、常務取締役にご昇役されました」などと言う。

定期人事異動

渡辺一郎：張さん、ちょっといい？

　張暁華：はい、何でしょうか、部長？

渡辺一郎：そうですね。ちょっと相談したいことがあるんだけど…

　張暁華：はい。

渡辺一郎：君は入社して以来、本当に頑張ってるね。そして、今度のプロジェクトでも
　　　　　いい成績を取ったね。

　張暁華：私も、とても勉強になりました。

渡辺一郎：今、大連の業務を拡大するために、新しい技術が必要なんだ。だから、君を
　　　　　東京本社へ派遣(はけん)して、新しい業務内容を勉強してもらいたいと思ってる。そ
　　　　　こで、本人の考えを聞きたいけど。

　張暁華：それは本当ですか。よろこんでお受けいたします。うれしいです。

渡辺一郎：頑張ってね。

　張暁華：はい、頑張ります。

渡辺一郎：皆さん、いい知らせがあるよ。来月の初めから、張さんは東京本社へ派遣さ
　　　　　れて、一年間勉強する予定だよ。

　みんな：張さん、おめでとう。よかったね。

　張暁華：ありがとうございます。

(1) 文型と表現を覚えましょう

～て以来

　　表示自过去发生某事以后直到现在的意思，不能用于刚刚发生不久的事。可译为"……以后"。

　　○1949年に中華人民共和国が成立して以来、181ヶ国が「一つの中国」原則に基づいて中国と外交関係を樹立した。/1949年中华人民共和国成立以来，有181个国家在以"一个中国"的原则为基础同中国建立了外交关系。

　　○スポーツクラブに通うようになって以来、毎日の生活に張りが出てきた。/自从在体育俱乐部工作以来，每日生活都充满干劲。

　　○この会社は設立されて以来、毎年業績が伸びている。/这家公司成立以来，每年业绩都在增长。

(2) 役に立つ表現を覚えましょう

①会社に入る時、覚悟しているので、大丈夫です。/进公司的时候就有思想准备，所以不要紧。

②昨日の会議で、李さんが上海支社の責任者になられることになりました。/在昨天的会议上，确定让小李去上海分公司担任负责人。

③単身赴任になりますけど、大丈夫ですか。/独自一人去工作，没有问题吗?

④長い間お世話になり、ありがとうございました。/长期以来得到您的照顾，很感谢。

⑤引き継ぎをきちんとやりますので、ご安心ください。/我会把工作交接好，请放心。

（3）ポイント解釈

◆人事異動とは、組織の内部で役職（やくしょく）や部署（ぶしょ）が変更になることをいう。日本の大企業では春と秋の年2回実施される。人事異動を巡ってさまざまな思惑（おもわく）が錯綜（さくそう）する。仕事の失敗などで地方や人気のない部署に転勤になる人事異動を左遷（させん）という。異動は会社が決めるため、本人が希望しない部署への人事異動となることがある。そのため同じ時期に転職などを考える人が増える。かつては会社が一方的に社員を人事異動させていたが、社内公募制（こうぼせい）といって人材を求める部署が社内で人材を公募、それを希望する社員が自ら手を挙げて異動するという異動方式を取る企業も増えている。

◆人事異動の種類

昇格・昇進（昇任）

降格（こうかく）・降任

配置換え（配置転換・配転）・転任・転勤

出向・労働者派遣

送別会

佐藤恵子：まず、渡辺部長のご挨拶をいただきます。

渡辺一郎：このたびの人事異動で張さんが東京本社に転勤することになりました。大連支社での実績が高く評価されての栄転て、誠におめでたいことです。張さんは入社以来、どんな小さな仕事でもきっちりこなし、クライアントの信頼を勝ち得てきました。特に業務においての能力は、めきめきと頭角を現し、私も個人的に将来を楽しみに注目しています。そんな彼女にさらなる活躍の場が与えられ、本来なら手放して喜びを分かち合いたいところですが、正直なところ、さびしい気持ちも多分にあります。しかし、そんな感傷に浸ってもいられません。張さん、必ず日本で、実力を発揮して、その活躍ぶりがすぐに私たちの耳に届くに違いありません。最後に、張君が日本の新天地で健闘されることを祈っています。

佐藤恵子：暖かいお言葉、ありがとうございました。では本日の主役である張さんより、皆様への挨拶をしていただきます。張さん、どうぞ。

張暁華：本日、わたしのために、わざわざこのような送別会を催していただき、心から感謝いたします。渡辺部長のおかげで、この度、東京本社でもっと勉強する機会をいただいて、光栄の至りです。海外勤務は私にとって、初めてのことですが、ここで学んだ経験を生かし、頑張っていきたいと思っております。それから、この1年間、すごくいい雰囲気の中で、みなさんと一緒に仕事をすることができて、感謝申し上げます。たいへんお世話になりました。部長、松本さん、佐藤さん、皆さん、誠にありがとうございました。

佐藤恵子：ありがとうございました。それでは、一緒に乾杯しましょう。

全員：乾杯！

解　説

（1）文型と表現を覚えましょう

①名詞＋において

　　表示"关于……""在那一点上……"的意思。后面多用于对其事物的评价或是与其他事物做比较的表达形式。可译为"在……方面"。

　　○新しい製造技術において、人間には解決できない難問を解決できるようになった。/在新的制造技术方面，人类无法解决的难题变得能够解决了。

　　○造形の美しさにおいては、この作品が優れている。/从造型的美观上来看，这个作品很优秀。

　　○絵付けの技術において、彼にかなうものはいない。/在上彩技术方面，没人能超过他。

②～に違いない

　　表示说话人以某事为根据，做出非常肯定的判断。常用于书面语。用于口语时，会给人以夸张的感觉。可译为"一定是……""肯定是……"。

　　○4日夜に開幕を迎える北京冬季オリンピックは、世界に「団結の力」を注ぎ込むに違いない。/4号晚间开幕的北京冬季奥林匹克运动会，一定会给世界注入"团结的力量"。

　　○学生の憂鬱そうな様子からすると、試験は難しかったに違いない。/从学生郁闷的表情来看，考试一定很难。

　　○中日提携で新たな中日経済交流のモデルが開拓されるに違いない。/通过中日合作，一定能够开拓中日经济交流的新模式。

③名詞＋の＋至り

　　表示达到极至、处于最高状态的意思。常用于较为郑重的致辞等。可译为"无比……""无上……"。

　　○このたび、わが社は地域文化賞をいただきまして、誠に光栄の至りに存じます。/这次我们公司能够获得地域文化奖，感到无比荣幸。

○このような後援会を開いてくださいまして、感激の至りです。/十分感谢，为我举办了如此盛大的声援会。

○若気の至りを経験してこそ、本当の大人になれる。/只有经历了年轻气盛，才能成为真正的大人。

(2) 役に立つ表現を覚えましょう

①上海支社在任中は格別のお引き立てを賜り、厚く御礼申し上げます。/在上海分公司能够得到提拔，我表示衷心的感谢。

②微力ながら、新任務に専心努力する所存でございますので、何卒一層のご指導ご鞭撻を賜りますようお願い申し上げます。/力量虽微，但我一定在新的岗位上认真工作，也请各位以后多多指导，多多督促。

③本日は、お忙しい時期にもかかわらず、私のためにこのように盛大な送別会を開いてくださいまして、厚く御礼申し上げます。/今天各位在百忙之中为我举行了这个送别会，我由衷地表示感谢。

④この度、○月○日付けで、○○へ異動いたしました（いたします）。/这次，我将于○月○日调往○○工作。

⑤この2年間、なんとかやってこられたのは、ひとえに○○（上司）をはじめ、皆様のご指導、ご支援のおかげと深く感謝いたしております。/这两年中，○○以及各位同事在各个方面都给予了我帮助和照顾，在此，我表示由衷的感谢。

(3) ポイント解釈

◆送別会進行の順序の例・マニュアル

①開会宣言…主役の名前と開始を知らせる。

②送り手側の挨拶…主役の1番上の上司などから挨拶をしてもらう。

③乾杯…主役の2番目の上司などに簡単な挨拶とともにしてもらうといい。

④食事の開始…お酌をするなど会を盛り上げる。

⑤記念品・花束贈呈…タイミングを計って、1番上の上司から渡してもらう。

⑥主役の挨拶…送別される方に挨拶してもらう。

⑦閉会の挨拶。

このような流れで行えば、初めて司会をする人でも安心して行える。

◆その他、送別会の司会進行の例としてこんな進行の仕方もある。

①幹事の○○ですと言ってから、開会の挨拶をする。

②送別される人を紹介して、その方に挨拶してもらう。

③一番偉い方にお願いして、乾杯の音頭をとってもらう。

④自ら送別される人にお酌したり、イベントを行ったりして会を盛り上げる。

⑤ある程度時間がたったところで、花などを送る。（金券<ruby>金券<rt>きんけん</rt></ruby>などもいい）

⑥最後に締めの挨拶を幹事がして、送別会を終わらせる。

楽しく話しましょう

次の質問を考えて、答えてください。

1. 自分の昇進のことを知らせる場合、どのように感謝の気持ちを表しますか。

2. もしあなたが、ある送別会の司会者を任せられたら、送別会の主な順序をどうするか、説明してください。

3. 昇進とはどんなことでしょうか。

4. 昇格とはどんなことでしょうか。

5. もしあなたの友達が昇進されて、日本へ転勤することになったら、あなたはどのようにお祝いしますか。

 練習問題

1. 言い換えて話しましょう。

（1）例：A：ねえ、張さん、聞きましたか。わが社は上海に支社を設けることになったそうです。

B：ほんとうですか。よかったですね。ところで、誰が支社長になられますか。

A：聞くところによると、松本さんが内定されたそうです。

B：そうですか。松本さんは性格がいいし、まじめだし、そして業務の高い能力を持っています。

①大橋さん・
性格が明るい・
慎重だ

②中田さん・
心強い・
リーダーの才能がある

③伊藤さん
粘り強い・
性格もいい

（2）例：A：<u>張さん</u>は入社して以来、本当に頑張ってますね。そして、今度のプロ
　　　　　　ジェクトでもいい成績を取りましたね。

　　　　B：はい、とても勉強になりました。

　　　　A：今、<u>大連</u>の業務を拡大するために、新しい技術が必要なんです。そこ
　　　　　　で、あなたを東京本社へ派遣して、新しい業務内容を勉強してもらいた
　　　　　　いと思っています。そこで、本人の考えを聞きたいけど。

　　　　B：それは本当ですか。よろこんでお受けいたします。うれしいです。

①李さん・上海　　　　②王さん・北京　　　　③劉さん・天津

（3）例：A：では、本日の主役である<u>張さん</u>より皆様への挨拶をしていただきます。
　　　　　　どうぞ。

　　　　B：本日、わたしのために、わざわざこのような送別会を催していただき、
　　　　　　<u>心から感謝いたします</u>。渡辺部長のおかげで、この度、東京本社でもっ
　　　　　　と勉強する機会をいただいて、<u>光栄</u>の至りです。

①鈴木さん・　　　　　　②陳さん・　　　　　　③楊さん
　誠にありがとうございます・　　心からお礼を申し上げます・　本当に感謝いたし
　感激　　　　　　　　　　光栄　　　　　　　　ます幸福

2. 録音の会話を聞いて、話しましょう。

（1）A：ねえ、聞きましたか。わが社は上海に支社を設けることになったそうです。

　　　B：① ＿＿＿＿＿＿＿＿＿＿。

　　　A：誰が上海の支社長になられるか、知っていますか。

　　　B：② ＿＿＿＿＿＿＿＿＿＿。

　　　C：内示、もらったそうですよ。松本さんに内定したらしいわ。

　　　B：③ ＿＿＿＿＿＿＿＿＿＿。

　　　A：君もチャンスがあるよ。

　　　B：④ ＿＿＿＿＿＿＿＿＿＿。

（2）A：昨日の会議で、李さんが北海道支社の責任者を担当することを決めました。

　　　B：おめでとうございます。

　　　C：何年くらい海外の支社にいかれますか。

　　　D：① ＿＿＿＿＿＿＿＿＿＿。

　　　B：単身赴任になりますけど、大丈夫ですか。

　　　D：② ＿＿＿＿＿＿＿＿＿＿。

　　　C：海外派遣にあたって、一番困ることは何ですか。

　　　D：③ ＿＿＿＿＿＿＿＿＿＿。

　　　B：言葉の問題をどうやって克服するつもりですか。

　　　D：会社に日本語コーナーがあるので、④ ＿＿＿＿＿＿＿＿＿＿。

　　　C：でも、李さんが海外に派遣されると、しばらく会えなくなりますよね。

　　　D：そうだね。⑤ ＿＿＿＿＿＿＿＿＿＿、ありがとうございます。

　　　C：海外での仕事が順調に進むようにお祈りします。

（3）A：さて、本日の主役である張さんより、皆様への挨拶をしていただきます。張さん、どうぞ。

　B：本日は① ＿＿＿＿＿＿＿＿会を開いていただき、本当にありがとうございます。② ＿＿＿＿＿＿＿＿＿、感謝の念に耐えません。このたび、支店に異動することになりました。③ ＿＿＿＿＿＿＿＿、今思うと本当にあっという間でした。このような職場と巡り合えたことは、私にとって④ ＿＿＿＿＿＿＿＿＿。これからは、ここで教えていただいた4年間を忘れずに、⑤ ＿＿＿＿＿＿＿＿＿、存分に力を発揮して参りたいと思います。最後に、⑥ ＿＿＿＿＿＿＿＿＿をお礼の挨拶とさせていただきま

す。本当にありがとうございました。

A　：乾杯しましょう。

AB：乾杯！

3. 次の状況に基づいて、会話を作ってみてください。

吉田さんを送る会のお知らせ

このたび、営業課の吉田さんが、東京支社に転勤されることになりました。

吉田さんは、営業課のリーダーとして、持ち前の明るさと並々ならぬリーダーシップで周りの仲間を率（ひき）いてくださいました。

そんな吉田さんに助けられた方も多いと思います。

そんな吉田さんの転勤にあたり、これまでの労をねぎらい、今後の健康と益々（ますます）の発展を祈って、次により、歓送（かんそう）の宴を計画致しました。

皆様の出席のお申し込みをお待ちしております。

日時　　5月9日（火曜日）18:00～20:00

場所　　ダイニングバー・四海ホテル

参加者　営業課の社員・本社の部長・人事課長

会費　　5,000円（記念品代を含む）

　ご出席の方は4月30日（金曜日）までご連絡ください。

　　このお知らせに基づいて、吉田さんの昇進あるいは送別会の話題について、送る会の幹事とお手伝いをする部下との会話を作ってください。

4. 次の敬語表現を直してください。

　　(1) 社長、課長が至急お目にかかりたいとおっしゃっていました。

　　(2) 課長、ちょっと来てください。

　　(3) 今夜、みんなで飲みに行くんですが、課長も行きたいですか。

　　(4) 課長、今夜のパーティーには参加するつもりですか。

　　(5) 当社の社長さんが、木村さまによろしくとおっしゃっていました。

豆知識

仕事の価値観に7つのタイプ

仕事の価値観とは、自分が働く上で大事だと思うことや、どのような働き方や目標を目指したいかという考え方です。

1. 自己実現を求める

仕事を通して自己実現を目指し、挑戦や成長につながるような仕事を好みます。

2. 安定・安心を求める

安定した収入が欲しい人です。安定した職場環境・福利厚生を求める傾向があります。

3. 金銭的な報酬を求める

収入面を重視する傾向があります。高収入の職業・仕事に興味を持ちます。

4. 社会貢献を重視する

仕事を通して社会貢献を実現したいと考えます。非営利団体や公共機関など、社会貢献につながる職業に興味を持つ人が多いです。

5. 自由度の高い環境を求める

自由に自分のペースで働ける仕事が好きな人です。自由な発想や創造性、そして柔軟な働き方を重視する傾向があります。

6. 他人の成長支援を求める

仕事を通して他人の成長を促進することを目指したいと考える。例えばチームリーダーや教育関係、コンサルタントなど、他人の成長に貢献できる職業に興味があります。

7. 権威を求める

ステータスや社会的な地位を重視する人たちです。高い専門性や技術力を持つ仕事に興味を示す場合が多いです。

では、あなたはどのような価値観を持っていますか。次の方法で仕事の価値観を見つけましょう。

- 自分を分析する
- 周囲の人々や職場の雰囲気を観察する
- 自分自身のライフスタイルを考える
- プロに相談する

付録1　敬語の使い方

　これまでは、敬語を「尊敬語」「謙譲語」「丁寧語」の3種類に分けてとらえること
が多かったが、ここでは『敬語指針』によって、「尊敬語」「謙譲語Ⅰ」「謙譲語Ⅱ」
「丁寧語」「美化語」の5種類に分けた。ここでの5種類の敬語と、これまでの3種類に
分けられてきた敬語との関係は、以下のとおりである。

5分類	3分類
尊敬語「いらっしゃる・おっしゃる」型	尊敬語
謙譲語Ⅰ　「伺う・申し上げる」型	謙譲語
謙譲語Ⅱ（丁重語）　「参る・申す」型	
丁寧語「です・ます」型	丁寧語
美化語「お酒・お料理」型	

Ⅰ．尊敬語の文型

1. 動詞の尊敬語（一般形の主な例）
　(1) お(ご)～になる
　　　例：読む→お読みになる/出掛ける→お出掛けになる
　　　　　利用する→ご利用になる/出席する→ご出席になる

　(2) ～(ら)れる
　　　例：読む→読まれる/利用する→利用される/始める→始められる/来る→来られる

　(3) ～なさる
　　　例：利用する→利用なさる/研究する→研究なさる

　(4) ご～なさる
　　　例：利用する→ご利用なさる/研究する→ご研究なさる

注：サ変動詞（「～する」の形をした動詞）についてのみ、その「する」を「なさる」
　　に代えて作ることができる。

(5) お（ご）～です
　　例：読む→お読みです/利用する→ご利用です

(6) お（ご）～くださる
　　例：読む→お読みくださる/指導する→ご指導くださる

(7) お（ご）～あそばす
　　例：催す→お催しあそばす/出席する→ご出席あそばす

注：古い使い方

2. 名詞の尊敬語
　(1) お（ご）＋名詞（一般的な用法）
　　　例：お名前/ご住所

　(2) 「御・貴・高・尊・芳・令」など＋名詞
　　　例：御地（おんち）/貴信/御高配/御尊父（様）/御芳名/御令室（様）

注：書き言葉専用

3. 形容詞などの尊敬語
　(1) お（ご）＋形容詞・形容動詞
　　　例：お忙しい/ご立派

　(2) 形容詞連用形＋ていらっしゃる/形容動詞＋でいらっしゃる
　　　例：指が細くていらっしゃる。
　　　　　積極的でいらっしゃる。

　(3) お＋形容詞連用形＋ていらっしゃる/ご＋形容動詞＋でいらっしゃる
　　　例：お忙しくていらっしゃる/ご立派でいらっしゃる

4. 「名詞＋だ」に相当する尊敬語

　　「名詞＋だ」→「名詞＋でいらっしゃる」

　　　　例：先生は努力家です。→先生は努力家でいらっしゃる。

Ⅱ．謙譲語Ⅰの文型

1. 動詞の謙譲語Ⅰ（一般形の主な例）

　　(1) お(ご)～する

　　　　例：持つ→お持ちする/案内する→ご案内する

　　(2) お(ご)～申し上げる

　　　　例：届ける→お届け申し上げる/案内する→ご案内申し上げる

　　(3) ～ていただく

　　　　例：読む→読んでいただく/指導する→指導していただく

　　(4) お(ご)～いただく

　　　　例：読む→お読みいただく/指導する→ご指導いただく

　　(5) お(ご)～願う

　　　　例：見せる→お見せ願う/協力する→ご協力願う

　　(6) お(ご)～にあずかる

　　　　例：ほめる→おほめにあずかる/招待する→ご招待にあずかる

2. 名詞の謙譲語Ⅰ

　　(1) お（ご）＋名詞

　　　　例：（先生への）お手紙/（先生への）ご説明

　　(2) 拝^{はい}～

　　　　例：拝見/拝借

Ⅲ． 謙譲語Ⅱ（丁重語）の文型

1. 動詞の謙譲語Ⅱ（一般形）

　〜いたす

　例：利用する→利用いたす

2. 名詞の謙譲語Ⅱ

　「愚・小・拙・弊」などをつける

　例：愚見/小社/拙著/弊社

注：書き言葉専用

Ⅳ． 丁寧語の文型

1.「です・ます」体

　例：私の故郷は大連です。/明日は旅行に行きます。

2. 〜ございます

　例：次は5階でございます。/ボールペンはこちらにございます。

3. 専用謙譲語から変化したもの

　例：日ごとに寒くなってまいりました。

　　　店はお客様でにぎわっております。

☆「形容詞＋ございます」

「ございます」を形容詞に付ける場合の形の作り方は、次のとおりである。

・「〜aい」の場合例、「たかい」→「たこうございます」

・「〜iい」の場合例、「おいしい」→「おいしゅうございます」

・「〜uい」の場合例、「かるい」→「かるうございます」

・「〜oい」の場合例、「おもい」→「おもうございます」

注：「〜eい」という形の形容詞はない

Ⅴ． 美化語の文型

　お（ご）＋名詞

　例：お酒/お料理/ご祝儀

付録Ⅱ　特殊な言い方

一、動作、行為の動詞（注：▼为例句）

見出し語	尊敬語	謙譲語	丁寧語
会う	お会いになる	お目にかかる、 お目もじする（注：女性語。現在ではあまり使われない。）	会います
与える	お与えになる	さしあげる、あげる ▼あなたにこの本をあげましょう。 献上する、献呈する 献じる、進呈する	あげる ▼花に水をあげます。 （注：是非について議論がある） 与えます
ある	おありになる		ございます/あります
言う	おっしゃる	申し上げる、言上する、申す ▼父が申しました。	申す/言います ▼論より証拠と申します。
いる	いらっしゃる おいでになる	おる ▼孫がおります。	おる/います ▼あそこに犬がおります。
受ける	お受けになる	預かる、拝受する （注：主に書き言葉として用いられる）	受けます
思う	おぼしめす （注：現在ではあまり使われない） お思いになる	存じる	思います
買う	お求めになる お買いになる	購入する	求める 買います
借りる	お借りになる	拝借する、お借りする	借ります
聞く	お聞きになる お耳に入る	うかがう、承る、拝聴する お聞きする	聞きます

（续表）

見出し語	尊敬語	謙譲語	丁寧語
着る	召す お召しになる	拝着する	着ます
来る	いらっしゃる おいでになる 見える お見えになる お越しになる	あがる、伺う、参る ▼私は昨日こちらに参りました。	参る ▼郵便が参りました。 来ます
くれる	くださる たまわる (注：主に書き言葉として用いられる)	いただく	くれます
死ぬ	お亡くなりになる 亡くなられる 逝去^{せいきょ}する おかくれになる (注：身分の高い人に用いる)	亡くなる	亡くなる
知らせる	お知らせになる	お耳に入れる、お知らせする	知らせます
知る	ご存じだ お知りになる	承知^{しょうち}する、存じる ▼その件については存じません。 存じ上げる ▼お名前は存じ上げております。	知ります
する	なさる される あそばす（注：現在はあまり使われない）	いたす ▼私がいたします。	いたす/します ▼波の音がいたします。
訪ねる	お訪ねになる	うかがう、参上^{さんじょう}する、お邪魔する、あがる、お訪ねする	訪ねます

（続表）

見出し語	尊敬語	謙譲語	丁寧語
尋ねる	お尋ねになる	うかがう、お尋ねする	尋ねます
食べる 飲む	召し上がる あがる	いただく/頂戴（ちょうだい）する ▼お昼は外でいただきました。	いただく、食べます
寝る	おやすみになる	やすませていただく	やすむ、寝ます
見せる	お見せになる	お目にかける、ご覧に入れる	見せます
見る	ご覧になる	拝見する	見ます
命じる	おおせつける（注：日常会話ではあまり使われない） お命じになる		命じます
もらう	お受けになる お納めする ご笑納（しょうのう）	いただく、頂戴する 賜（たまわ）る、拝受する （注：主に書き言葉として用いられる）	もらいます
行く	いらっしゃる おいでになる お越しになる お出かけになる	うかがう、参上する あがる、まいる ▼先日、北海道にまいりました。	まいる/行きます ▼もうすぐ春がまいります。
読む	お読みになる	拝読する	読みます
持ってくる	ご持参（じさん）		
わかる、 引き受ける	ご承知	承知する、かしこまりました	わかりました
世話をする	ご面倒をかける		
断る	お断りになる	失礼する、ご辞退（じたい）、申し上げる	
送る	お送りになる	ご送付（そうふ）する、お送りする	
やる		差し上げる、進呈する、お届けする	

二、人称名詞

見出し語	尊敬語	謙譲語
わたし		わたくし、わたくしども、手前 小生、不肖、小職 （注：書き言葉として用いられる）
あなた	あなたさま、そちら、そちらさま、お宅、お宅さま 貴殿、貴兄、大兄、貴台、貴下、貴職 （注：書き言葉として用いられる）	
この人	この方、このお方、こちら、こちら様	
その人	その方、そのお方、そちら、そちら様	
あの人	あの方、あのお方、あちら、あちら様	
だれ	どなた、どなた様、どちら、どちら様、どの方	

三、丁寧な言い方

見出し語	丁寧な言い方	見出し語	丁寧な言い方
これ	こちら	おととい	一昨日
ここ	こちら	あす	明日
こっち	こちら	あさって	明後日
それ	そちら	あすの朝	明朝
そこ	そちら	あすの夜	明晩
そっち	そちら	ゆうべ	昨晩
そう	さよう	ことし	本年
あれ	あちら	去年	昨年
あそこ	あちら	おととし	一昨年
あっち	あちら	来年	明年
どれ	どちら	このあいだ	先日、過日
どこ	どちら	いま	只今

（続表）

見出し語	丁寧な言い方	見出し語	丁寧な言い方
どっち	どちら	さっき	さきほど
どう	いかが	あとで	のちほど
いくら、どのくらい	いかほど	～とき	～折、節：「暑い折」「その節」
ほんとうに、とても	まことに	～くらい（ぐらい）	～ほど：「3つほど」
よい	よろしい	飯（めし）	ごはん
うまい	おいしい	握り飯	おにぎり　おむすび
きょう	本日	赤飯	おこわ
きのう	昨日（さくじつ）	水	お冷（ひ）や
華道	お花	贈り物	おつかいもの
すまし汁	おすまし	腹	おなか
味噌汁	おみおつけ	代金	お代
しょうゆ	おしたじ	釣り銭	おつり
末茶（茶道）	おうす	守り札	お守り
茶道	お茶	すごく	たいへん
ちょっと	少々	本当に	まことに
今度	このたび、このほど		

四、名詞

見出し語	相手側（尊敬語）	自分側（謙譲語など）
父	お父様・御父上様（おちちうえさま）・父君様（ちちぎみさま）・御父君様（おちちぎみさま）・御尊父様（ごそんぷさま）・御岳父様（おしゅうとさま）	父・わたくしの父・老父（ろうふ）・愚父（ぐちち）
母	お母様・御母上様・母君様（ははぎみさま）・御母君様・御母堂様（ごぼどうさま）	母・わたくしの母・老母（ろうぼ）・愚母（ぐはは）
両親	御両親様・御両所様・お二方（ふたかた）	両親・父母（ふぼ）・双親（ふたおや）・老父母（ろうふぼ）
祖父	御祖父様（おそふさま）・御祖父上様（おそふうえさま）・祖父君様・御祖父君様（おそふぎみさま）・御隠居様	祖父・年寄

（续表）

見出し語	相手側（尊敬語）	自分側（謙譲語など）
祖母	御祖母様（おそぼさま）・御祖母上様・祖母君様・御祖母君様・御隠居様	祖母・年寄
夫	御主人様・御夫君様（ごふくんさま）	夫・主人・宅
妻	奥様・御奥様（おおくさま）・奥方様（おくがたさま）・令夫人（れいふじん）・御令室様（ごれいしつさま）・御内室様（みうちむろさま）	妻・家内・愚妻（ぐさい）・老妻（ろうさい）
息子	お坊っちゃま・御子息様・御令息様（ごれいそくさま）・御令嗣様（おれいしさま）（御長男様（ごちょうなんさま）…）・御愛息（おあいそく）	息子・愚息（長男…）
娘	お嬢様・御息女様・御令嬢様（ごれいじょうさま）（御長女様・御次女様…）・御愛嬢（おあいじょう）	娘（長女・次女）
子	お子様（お子様方）	子供（子供たち）
兄	お兄様・御兄上様（おあにうえさま）・兄君様（あにぎみさま）・御兄君様（おあにぎみさま）・御令兄様（おちょうけいさま）（御長兄様）	兄・家兄（かけい）・愚兄（ぐけい）（長兄（ちょうけい）・次兄（じけい））
姉	お姉様・御姉上様・姉君様・御姉君様・御令姉様（おれいし）（御長姉様（さま・おちょうしさま））	姉・（長姉・次姉）
弟	弟様・御弟様（おおとうとさま）・御令弟様（ごれいていさま）	弟・小弟（しょうてい）・愚弟（ぐてい）（末弟（まってい））
妹	妹様・御妹様（おいもうとさま）・御令妹様（おれいいもうとさま）	妹（末妹（すえいもうと））
孫	お孫様（まごさま）・御令孫様（ごれいそんさま）・御愛孫（おあいそん）	孫
家族	御家族の皆様・皆々様（みなみなさま）・御一同様（ごいちどうさま）	家族・家族一同
友達	御友人（御親友（ごがくゆう）・御学友・御級友（ごきゅうゆう）・御同窓・御同学（ごどうそう・おどうがく））	友人（親友・学友・級友・同窓・同学）
会社	御社・貴社	当社・小社・弊社
商店	貴店	当店・小店・弊店
団体	貴会・貴協会	当会・本会・当協会・本協会
学校	御校・貴校	当校・本校
大学	貴学・貴大学	本学・当大学・本大学
上役	御上司（ご）（貴社長/部長・貴社長殿・貴社長様（きしゃながとの））	上司（社長・当社長・部長・当部長）
雑誌	貴誌	小誌・弊誌
新聞	貴紙	小紙・弊紙

（続表）

見出し語	相手側（尊敬語）	自分側（謙譲語など）
著書	貴書	小著・愚書
原稿	玉稿 （ぎょっこう）	小稿・愚稿
作品	御高作 （ごこうさく）	拙作 （せつえい）
詩歌	御尊詠 （ごそんえい）	拙詠
文章	御高文 （ごこうぶん）	小文・拙文・駄文・拙筆 （せつぶん・だぶん・せっぴつ）
批評	御高評 （ごこうひょう）	愚評
意見	御高見・貴見・御高説・貴説・御高慮・貴慮・ （ごこうけん・きけん・ごこうせつ・きせつ・おたかりょ・きりょ） 尊慮・貴意 （そんりょ）	私見・浅見・卑見・愚見・私説・愚 （せっけん・ひけん） 説・私考・愚考・私案・愚案・愚意
気持ち	御芳志・御芳情・御厚志・御厚情 （ごほうし・ごほうじょう・ごこうし・ごこうじょう）	寸志・微志 （すんし・びし）
推察	御高察・御明察・御賢察 （ごこうさつ・ごめいさつ・ごけんさつ）	愚察 （ぐさつ）
名前	御姓名・御芳名・御尊名・御高名・貴名 （おんせいめい・ごほうみょう・ごそんめい・ごこうめい・きめい）	愚名
居住地	御地・貴地	当地・当所・弊地
家	お宅・貴宅・御尊宅・貴家・御尊家 （たく・きたく・ごそんたく・きか・ごそんけ）	小宅・拙宅・拙家・弊家 （しょうたく・せったく・せっか・へいけ）
手紙	御書状・御書簡・御書面・御書信・御状・ （ごしょじょう・おしょかん・ごしょめん・おしょしん・ごじょう） 御文・貴書・御芳書・御芳札・貴簡・お葉書 （おんふみ・きしょ・ごほうしょ・ごほうさつ・きかん・はがき）	書状・書簡・書面・寸書・愚状・愚 （しょじょう・しょかん・しょめん・すんしょ・ぐじょう・ぐ） 書・拙筆 （しょ・せっぴつ）

五、接頭詞

お	お知らせ　お仕事　おかあさま　おこさま　お嬢さま　お宅　お手紙		
ご	ご配慮　ご両親　ご先祖　ご両親　ご一同　ご厚志　ご意見		
貴 （き）	（個人）貴殿　貴下　貴女　貴君　貴兄　貴公　貴台 （きでん・きか・きじょ・きくん・きけい・きこう・きだい） （組織）貴国　貴町　貴市　貴村　貴庁　貴省　貴邸　貴家　貴社　貴店　貴行　貴校 （きちょう・きし・きそん・きちょう・きしょう・きてい・きか・きこう） 　　　　貴学　貴学園　貴会　貴院　貴医院　貴業　（意見）貴書　貴信　貴意		
尊 （そん）	尊名　尊家　尊台　尊顔　尊父　尊影　尊宅 （がん）		
令 （れい）	令嬢　令夫人　令室　令姉　令兄　令息　令閨 （し）　　　　　　　　　　　　（れいけい）		
高 （こう）	高名　高配　高閲　高官　高説　高著 （こうみょう）　（こうえつ）		
芳 （ほう）	芳名　芳志　芳信　芳書 （ほうめい）		
賢 （けん）	賢兄　賢察　賢台　賢覧　賢慮		

付録III　ビジネス会話NG50例

ケース 1　（出かけようとした上司に）

　×　これから参られますか。

→○　これからいらっしゃいますか。

　○　これから行かれますか。

ケース 2　（お客が来たことを部長に電話を入れる場合）

　×　△△商事の藤山様がお越しになりました。

→○　△△商事の藤山様がお越しになられました。

ケース 3　（伝言を上司に伝える場合）

　×　さきほど、△△社の中村様からお電話があり、明日の午後3時に来社されると申されていました。

→○　さきほど、△△社の中村様からお電話があり、明日の午後3時に来社されるとおっしゃいました。

ケース 4　（会社の先輩に）

　×　朝、メールを拝見させていただきました。

→○　朝、メールを拝見いたしました。

ケース 5　（上司から「15分出社遅れる」との連絡を受けた時の返事）

　×　了解です。

→○　かしこまりました。

　○　承知いたしました。

ケース 6　（お客様に）

　×　お手洗いは、突き当りになります。

→○　お手洗いは、突き当りにございます。

ケース 7 （上司より先に帰る場合）
　　×　ご苦労様です。
→○　お先に失礼させていただきます。

ケース 8 （上司からの飲む誘いを断る場合）
　　×　すみません、用事があるので行けません。
→○　ありがとうございます。申し訳ないのですが別件が入りまして、また次回誘って
　　　いただけるとうれしいです。

ケース 9 （お客様に）
　　×　△△の資料、ご覧になりましたか。
→○　△△の資料、ご覧になられましたか。

ケース 10 （お客様に）
　　×　こちらにご住所とお名前をお書きしてください。
→○　こちらにご住所とお名前をお書きになってください。
　　○　こちらにご住所とお名前をお書きください。

ケース 11 （お客様から「うちの会社ご存じですか」と聞かれたら）
　　×　はい、存じております。
→○　はい、存じ上げております。

ケース 12 （お客様に）
　　×　お名前、もう一度いいですか。
→○　恐れ入りますが、お名前、もう一度伺えますか。

ケース 13 （お客様に）
　　×　メニューお決まりですか。
→○　ご注文は～でよろしかったですか。

ケース 14 （お客様の名前を復唱する）
　　×　大島様でございますね。
→○　大島様でいらっしゃいますね。

ケース 15 （相手が名指しした担当者に電話を取り次ぐ）

× 高橋さんでございますね。少々お待ちくださいませ。

→○ 高橋ならおります。すぐ呼んでまいりますので、1、2分お待ちいただけますか。

ケース 16 （上司への伝言をお客様に頼まれたときの受け答え）

× かしこまりました。山田に申し上げておきます。

→○ かしこまりました。山田に申し伝えます。

ケース 17 （電話に出た相手に、担当者がいるかどうか聞く）

× 大島様はおられますか。

→○ 大島様はいらっしゃいますか。

ケース 18 （社名を聞き取ることができなかった社名をもう一度聞きたい）

× もう一度社名を教えてくださいませんか。

→○ 恐れ入りますが、もう一度御社名を頂けますでしょうか。

ケース 19 （初めての相手に電話をかけるとき）

× 加治という者ですが。

→○ 恐れ入ります。わたくし、△△物産の加治と申します。

ケース 20 （相手が不在で、ふたたびかけ直すとき）

× さきほど、電話した○○物産の加治ですが。

→○ たびたび恐れ入ります。先ほどお電話した○○物産の加治でございます。

ケース 21 （間違い電話だと言われたとき）

× あっ、間違えました。

→○ 失礼ですが、そちらは1234−××××の初芝電産様ではございませんか。申し訳ありませんでした。

ケース 22 （役職のない人の取り次ぎを頼む場合）

× 山寺さんはおられますか。

→○ 山寺様はおいでになりますか。

ケース 23　（役職についている人の取り次ぎを頼む場合）

×　山寺課長さんはいらっしゃられますか。

→○　山寺課長はいらっしゃいますか。

ケース 24　（お客様に向かって、もう一人の得意のお客様である田中さんのことを話題にする場合）

×　明日は田中さんのところに参ります。

→○　明日は田中さんのところに伺います。

ケース 25　（顧客から新しい顧客を紹介してもらい報告を兼ねて礼を言う場合）

×　さっそく連絡して、取引できることになりました。

→○　さっそくご連絡いたしましたところ、おかげさまで、お取引いただけることになりました。

ケース 26　（顧客から新しい顧客を紹介してもらい報告を兼ねて礼を言う場合）

×　先日は、A社の山形さんを紹介してもらってありがとうございます。

→○　先日は、A社の山形様をご紹介いただきまして、ありがとうございました。

ケース 27　（前任者から引継ぎ挨拶のためにアポイントをとる場合）

×　お暇なときにご訪問させていただきたいのですが。

→○　ご都合のよいときにうかがわせていただきたいのですが。

ケース 28　（前任者から引継ぎ挨拶のためにアポイントをとる場合）

×　近いうちに会えませんでしょうか。

→○　ぜひ一度お目にかかりたいのですが。

ケース 29　（前任者から引継ぎ挨拶のためにアポイントをとる場合）

×　いつならよいか、おっしゃってください。

→○　いつごろでしたらご都合がよろしいでしょうか。

ケース 30　（お客様に担当者不在のことを伝える）

×　いつも大変お世話になっております。藤本は本日は直帰の予定になっておりまして、戻りません。

→○　いつもありがとうございます。藤本は、本日外出しておりまして、出先からこちらへは戻りません。お急ぎでしたら、こちらから伝えて連絡を差し上げますが。

ケース 31　（上司へ取り次ぐかどうかの判断がつきかねる場合）

　　×　ただいま、担当の者に聞いてみます。

→○　少々お待ちいただけますか。

ケース 32　（上司が外出している旨を相手に伝える）

　　×　山咲課長は出かけていらっしゃいます

→○　申し訳ございません。山咲はただいま外出しております。

ケース 33　（上司が外出している旨を家族に伝える）

　　×　課長はただいまお出かけになっています。

→○　課長はただいまお出かけになっています。

　　○　いつもお世話になっております。佐藤さんはただいま席を外しておりますが。

　　○　いつもお世話になっております。佐藤課長はただいま会議中でいらっしゃいますが。

ケース 34　（相手が名乗らないので、こちらから名前をたずねる場合）

　　×　どなたですか。

→○　失礼ですが、お名前をおうかがいしてもよろしいでしょうか。

ケース 35　（電話が聞き取りにくい場合）

　　×　ちょっと聞き取りにくいのですが。

→○　恐れ入りますが、お電話が遠いようですので、もう一度おっしゃっていただけませんでしょうか。

　　○　恐れ入りますが、少しお電話が遠いようなので、もう一度お願いいたします。

ケース 36　（上司や担当者が他の電話にでていることを相手に伝える）

　　×　福島は今、電話中なんですが。

→○　申し訳ございません。福島は別の電話に出ております。

ケース 37　（間違い電話であることはわかった場合）

　　×　違います。

→○　こちらは△△商事でございますが、何番におかけでしょうか。

ケース 38 （初対面のお客様に名前を尋ねる）

　　×　お名前を頂戴できますか。

→○　恐れ入りますが、お名前を頂戴できますでしょうか。

　　○　恐れ入りますが、お名前をお伺いしても宜しいでしょうか。

ケース 39 （お客様の名前を確認するとき）

　　×　山田様でございますね。

→○　山田様でいらっしゃいますね。

ケース 40 （連絡先電話番号を聞きたい）

　　×　電話番号をいただけませんか。

→○　恐れ入りますが、ご連絡先を教えて頂けますでしょうか。

　　○　恐れ入りますが、お電話番号をお伺いできますでしょうか。

ケース 41 （聞き取った内容を確認したい）

　　×　もう一度確認します。

→○　確認のため、復唱させて頂いてもよろしいでしょうか。

　　○　復唱させて頂いてもよろしいでしょうか。

ケース 42 （また電話をするとき）

　　×　すみません、また電話をしますので。

→○　恐れ入ります。少々お時間を頂戴したいのですが、のちほどお電話を差し上げて
　　　もよろしいでしょうか。

　　○　恐れ入ります。その件に関しましてはのちほどお電話をさせていただくというこ
　　　とでよろしいでしょうか。

ケース 43 （先方に資料を見てくれたかを聞く）

　　×　資料を拝見しましたか。

→○　資料をご覧いただけましたか。

　　○　資料をご覧いただけましたでしょうか。

　　○　資料をご覧くださいましたでしょうか。

`ケース 44`　（目上の人に）

　　×　先輩も頑張ってくださいね。

→○　私も頑張ります。これからもどうぞよろしくお願いいたします。

`ケース 45`　（休暇を取る）

　　×　明日はお休みしたいのですが。

→○　明日は休ませていただきたいのですが。

`ケース 46`　（相手に尋ねる）

　　×　森本部長は何時頃まいられる予定ですか。

→○　何時頃いらっしゃいますか。

　　○　何時頃お戻りになりますか。

`ケース 47`　（電話で）

　　×　辻本ですが、久保さんをお願いいたします。

→○　こんにちは。△△会社の辻本と申します。久保さん、いらっしゃいますか。

`ケース 48`　（電話の取次ぎで）

　　×　田中さん、奥様からです。

→○　田中さん、お電話です。

`ケース 49`　（電話で）

　　×　どうも。木村です。

→○　こんにちは。△△商社の木村です。

`ケース 50`　（伝える）

　　×　お客様が、まもなくこちらに見えられます。

→○　お客様が、まもなくこちらにいらっしゃいます。

　　○　お客様が、まもなくこちらにおいでになります。

　　○　お客様が、まもなくこちらにお越しになられます。